AF368060

LA MUSIQUE MODERNE

DANS LA MÊME COLLECTION

I. ARTHUR HONEGGER, par *André George*.
II. LE JAZZ, par *André Cœuroy* et *André Schaeffner*.
III. ÉTUDES, par *Darius Milhaud*.

A PARAITRE :

V. STRAVINSKI, par *Boris de Schlœzer*.
VI. MUSIQUE ET POÉSIE, par *André Suarès*.

PELLÉAS

LA MUSIQUE MODERNE

sous la direction de André Cœuroy

PELLÉAS

PAR

ROBERT JARDILLIER

ÉDITIONS CLAUDE AVELINE

Chez André Delpeuch, libraire

Paris, 51, rue de Babylone

MCMXXVII

I

LA GÉNÉRATION DE PELLÉAS

L'œuvre d'art ne vit que par ceux qu'elle anime et qui s'en imprègnent ; fou serait qui voudrait l'aimer pour lui seul, comme s'il était seul au monde et comme si lui seul avait présidé à sa gestation. Rien de plus contraire à la vérité artistique que le geste du fantasque Louis II de Wittelsbach, lequel voulut être, un soir, l'unique spectateur de *Lohengrin* : j'y crois voir un symptôme de la folie qui l'emporta. Où serait la poésie de Samain, si des centaines de jeunes hommes, frères en esprit du Jules Rességuier de Duhamel, n'avaient, par les nuits tièdes, murmuré les vers du *Chariot d'or*, et pris pitié

> *De tous ceux-là qui, sur la terre,*
> *Par un tel soir tendant les bras,*
> *N'ont point dans leur cœur solitaire*
> *Un nom à sangloter tout bas ?*

A quoi bon la Monna Lisa, la Fornarina, Madame de Sénones, et même l'Olympia de Manet, sans les admirateurs qui les arrachent, par leur vivante sympathie, aux nécropoles que sont tant de musées, à l'étroite prison que constitue le numéro du catalogue et le cadre imposé ? Pourquoi *Tristan*, sinon pour apporter au cœur des inconnus la poésie mystérieuse de l'amour et de la mort, et pour qu'un soir — cela s'est vu — deux jeunes gens, inconnus l'un à l'autre, après comme avant, unissent leurs doigts depuis le douloureux prélude, et ne les séparent qu'après la mort d'Yseut, celle qui mourut « pour la douleur de son ami » ?

Ceci revient à dire que toute œuvre d'art, pour être pleinement vivante, doit se constituer un public. Elle ne s'irradie qu'au moment où les admirations sont acquises, et nous pourrons, à propos de *Pelléas*, parler de fidèles et de catéchumènes. Plus simplement encore, il faut le public au sens ordinaire du terme : non pas le public de hasard que rassemble une circonstance fortuite, et qui s'en va, le dernier point d'orgue expiré, indifférent à lui-même comme à l'œuvre entendue. Ici surgit la navrante histoire de Berlioz, qui croit réunir des foules musicales autour de la *Symphonie funèbre et triomphale*, pour ne trouver que badauds attentifs au passage de Louis-Philippe. C'est pourquoi l'œuvre de Berlioz est aujourd'hui plus vivante qu'au temps où souffrait le « malheureux grand homme » : elle vivotait quand l'assistance occasionnelle écoutait sans comprendre la complainte passionnée de Marguerite ; elle rayonne depuis que le chœur de Pâques s'est enrichi des enthousiasmes qu'il a suscités.

Aussi voulons-nous rechercher, tout d'abord, comment *Pelléas* a trouvé son public, ce public qui fit non sans peine le succès de l'œuvre, celui qui « milita » pour elle — le mot n'est pas trop fort — et qui, semble-t-il, portait en lui-même, plus ou moins inconsciemment, l'essence de ce qu'allait exprimer Claude Debussy. Sa musique fut en quelque sorte le miroir où se reconnut toute une génération sentimentale.

La génération de *Pelléas* ne hante point l'Opéra. L'Académie Nationale, inaccessible aux mélomanes « plus riches en bonne volonté qu'en métal », comme dira plus tard Debussy lui-même, reste le domaine du gala officiel, du luxe ostensible et rétrograde, du répertoire on ne peut plus conventionnel. *Faust*, *Rigoletto* font toujours recette, et Meyerbeer, qui fut roi rue Le Peletier, n'est pas oublié dans le temple de Charles Garnier. On accueille à bras ouverts *Les Barbares*, l'opéra historique de Saint-Saëns qui va déclan-

cher les sévérités acidulées de « Monsieur Croche ».
Wagner n'y est pas encore tout à fait chez lui. Seuls,
Tannhäuser et *Lohengrin* ont pleinement droit de cité :
encore n'entend-on jamais l'ouverture ou le prélude,
interrompus, comme il sied, par les entrées bruyantes
dans les loges, les strapontins qui claquent et les col-
loques des ouvreuses. Comment s'étonner si *L'Anneau*
n'est encore représenté — timidement — que par *La Walkyrie*? Les fauteuils d'orchestre se peuplent au moment
du ballet ; puis les jumelles chôment et tout se vide.
Messieurs les abonnés n'ont jamais regardé la Danse
de Carpeaux ; mais Carlotta Zambelli fut parfaite, ce
soir. Qu'importe, aux grandes occasions, le duo d'Or-
trude et de Frédéric? Voici que la *Marseillaise*, toni-
truante, salue l'entrée du prince de Galles. Aux temps
de l'Exposition, l'essentiel est de ne pas applaudir
Engel avant que le roi des Belges ou Georges de Grèce
n'aient donné le signal. Les chœurs sont plus que
jamais composés d'automates, les fonctionnaires de
l'orchestre ont ponctuellement accompli leur temps
de présence, M. Pedro Gailhard est heureux.

Sur l'échelle admirative du snobisme, l'Opéra-
Comique occupe une place moins éminente : il n'a
même pas de façade sur le boulevard, et l'obligation
mondaine y sévit moins. Soyons justes : l'Opéra-
Comique n'ignore pas la musique nouvelle. Il a révélé

Bruneau, le Bruneau du *Rêve* et de *L'Attaque du Moulin* ; il a mis à la scène *Le Vaisseau fantôme* et *Fervaal* ; sans Albert Carré, *Pelléas* n'aurait certes pas connu son admirable réalisation. Mais les habitués viennent avant tout pour satisfaire à leur besoin de sentimentalité : à la satisfaction générale, Jules Massenet tient son emploi. Miracle : il plaît alors à presque tous. L'enchanteur a séduit toutes ses écouteuses, et fait palpiter, mieux encore que *Carmen*, leurs cœurs en mal d'attendrissement. La jeune fiancée prend part aux infortunes de *Thaïs* et songe, avec un doux émoi, que la *Méditation* chantera pour elle, à quelque grand orgue, lorsque viendra le jour nuptial, tandis que la nouvelle mariée s'applique à retenir le rêve de Des Grieux pour le fredonner demain, du haut de son cinquième étage, « en fermant les yeux »... Ce sont, comme dira Debussy toujours, les belles écouteuses de Massenet « dont les éventails palpitèrent si longtemps pour sa gloire »... Mais voici qu'ils font pire, car ils palpitent déjà pour celle de Giacomo Puccini. Depuis 1898, on donne et redonne cette *Vie de Bohème*, où la fille de Mimi Pinson, « trottant le nez au vent et cambrant le corsage », vient pleurer, comme jadis sa mère, à la lecture de Mürger.

Il est bien vrai qu'on a beaucoup applaudi *Louise*, l'année de l'Exposition. Mais écoutait-on vraiment la

musique de ~~Victor~~ Charpentier ? C'est pourtant la
musique de l'époque, vibrante et rutilante, wagnérienne et vériste à la fois. Mais le décor du troisième
acte était si joli, ma chère, qu'on s'est contenté de le
regarder, et, dans l'ensemble, on a mieux retenu les
paroles que « les airs ». C'est qu'aussi « tout homme a
le droit d'être libre », et mainte jeunesse se souvient
alors de Séverine ou de Louise Michel, la vierge
rouge. Et l'on pleure tant, au dernier acte, que le
trottoir roulant, grande attraction d'alors, n'est pas de
trop pour apaiser pareille émotion. Aussi, quel étonne-
ment, quand surgit, une fois par hasard, la sombre
légende bretonne du *Roi d'Ys* ! L'aubade seule apparaît supportable ; elle commence à conquérir le gra-
mophone naissant.

Il se peut qu'une telle évocation semble stupide ou
sottement ironique. On voudra bien convenir, cependant, que le public des deux grands théâtres lyriques
se montre bien peu prédestiné aux éclosions debussystes : tout l'en écarte, wagnérisme ou massenétisme,
vérisme ou convention. N'allons jamais chercher
dans le monde des théâtres le dilettante capable d'ac-
cueillir un chef-d'œuvre nouveau. Toute musique
vraie, depuis cinquante ans, n'a pu se faire jour que
par le concert, et par le public des concerts.

Par les publics, pour mieux dire : car chacun d'eux garde sa physionomie propre. Chaque salle a sa couleur et ses réactions. L'orchestre du Conservatoire garde ses adeptes convaincus, qui ne sont pas, en général, de très jeunes gens : mélomanes légèrement rétrogrades, avertis et exigeants, ils n'admettent que des exécutions impeccables, et les trouvent là. Nulle part on n'interprète mieux Mozart et Saint-Saëns : c'est dire qu'il s'agit plutôt de classicisme que d'esprit nouveau. La porte s'ouvre rarement aux nouveautés dites agressives : on se trouve entre « tories » musicaux, gens de trop bonne compagnie pour entrer dans la lutte, ou même pour la connaître. — On respire plus largement aux concerts Lamoureux, où règne, depuis 1897, Camille Chevillard. Ici, Beethoven, Schumann et Wagner trouvent leur vrai public et leurs vrais interprètes : jamais ailleurs, en France, on n'a mieux traduit l'*ut mineur*, la *Rhénane* et le prélude de *Tristan*. Public à la fois vibrant et discipliné, qui s'est depuis longtemps soumis aux regards autoritaires de Lamoureux, derrière les bésicles rondes, et qui se recueille respectueusement, quand l'heure a sonné. L'habitué du promenoir suit, partition de poche en main, avec une attention diligente et passionnée ; il foudroie le voisin fâcheux qui chuchote, éternue ou bat la mesure à contre-temps ; il maugrée, non sans motif, contre les flonflons d'un music-hall trop proche qui se mêlent à la marche funèbre du *Crépuscule des Dieux* ; il s'irrite quand un virtuose apparaît, apportant le concerto réprouvé quel qu'il soit. Ce n'est jamais, cependant, le délire enthousiaste, ni le tumulte brutal. Malgré leurs pérégrinations, les concerts Lamoureux n'ont jamais quitté la rive droite.

Le Châtelet, citadelle des Concerts Colonne, confine à la rive gauche, et l'appelle à lui. Dimanche, midi, avenue Victoria ; ciel gris d'automne, et pluie pénétrante : qu'importe ? Les vrais amis de l'émotion musicale attendent. C'est l'époque où toute une jeunesse économise, sou par sou, toute une semaine, et vient chercher dans la musique l'oubli de l'existence banale ou douloureuse. Qu'importent le froid piquant, le déjeuner plus que sommaire ? Voici la porte du prodigieux paradis artificiel

> *où tout est ordre, beauté,*
> *luxe, calme et volupté.*

Mais examinez-les de plus près : très vite, il vous apparaîtra que la formation musicale, que l'idéal sonore n'est pas identique pour tous. Heureuses dissemblances, car une cohorte moutonnière, domestiquée par on ne sait quel mot d'ordre, serait la plus inapte à la compréhension de l'art nouveau.

Voici, déjà quinquagénaire, le survivant de l'apothéose berliozienne. Ses souvenirs glorieux remontent aux années qui suivirent la guerre franco-allemande. Il pense qu'il aurait, à lui seul, empêché la chute des *Troyens* ; il a connu *La Damnation* aux temps héroïques de 1880, et frémit d'enthousiasme en évoquant les auditions inoubliables ; tel était son recueillement pendant la danse des Sylphes que l'impondérable bruit du gaz provoquait ses récriminations écœurées ; tel était son culte pour Berlioz qu'apercevant un jour un jeune homme à l'œil noir, au nez impérieux, il n'hésita pas une seconde : « C'est son fils ! » Et la légende, aussitôt, gagna l'amphithéâtre entier. Il n'admet, aujourd'hui encore, aucune réserve. Devant la *Symphonie fantastique*, il vibre au thème de l'idée fixe, chroniquement ; mais le culmen de ses facultés admiratives correspond à *La Damnation*. Quel est donc cet inconnu qui se refuse à la course à l'abîme, et ce ténor prudent qui s'épargne, dans le trio, les périls du contre-do dièze ? Feux et tonnerres ! Il manque généralement de sympathie pour les autres œuvres. Il se hérisse souvent devant Wagner, se souvenant du conflit qui sépara l'auteur de *Lohengrin* et celui des *Troyens* ; devant la marche de *Tannhäuser*, il songe visiblement à celle de Rakokćy. Il salue plus volontiers la *Symphonie espagnole* de Lalo, vu le romantisme qu'elle conserve ; il fait bon accueil aux *Impressions d'Italie* de Charpentier, qui lui rappellent, non sans raison, l'accent du *Carnaval romain*... Hélas ! il constate aussi que les jeunes ne l'écoutent guère. La génération qui monte n'est rien moins que romantique. Ce jeune provincial, fraîchement débarqué, s'enthousiasme au premier contact, et n'oubliera jamais le chant de Pâques ; mais, dès la seconde audition, il dénonce, dans l'arioso de Marguerite, une intempérance mélodique qui semble conventionnelle à sa jeunesse intransigeante, et se rencontre avec le vieux puriste qui découvre, à chaque pas, la fausse basse prohibée. Les « années romantiques » sont mortes, et bien mortes.

Ceci fait la joie du mélomane wagnérien, qui voit son étoile monter au zénith. Il a, s'il est vieux, pleuré de rage, avec la princesse Metternich et Baudelaire, quand le public du Second Empire a méconnu *Tannhäuser* ; il a, s'il est plus jeune, bousculé les jeunesses patriotes devant l'Eden-Théâtre, en 1887, au temps de l'unique audition de *Lohengrin*. Le matin même, il a relu le guide thématique de Kufferath et rejoué, sur son piano, les grands thèmes de *La Walkyrie* ; il se prépare aux grandes auditions du *Ring*, il attend fiévreusement *Parsifal*, que la « Société des grandes auditions de France » va monter bientôt, mais à des prix que l'enthousiasme n'empêchera pas de trouver prohibitifs. Pourquoi le nier ? L'immense majorité du public est avec lui. Du dernier assidu de l'amphithéâtre à la truculente « ouvreuse », tous guettent l'extase que leur apportera, comme à Chabrier jadis, le *la* des violoncelles au début de *Tristan*...

Au milieu de la phalange pérorent les élus, qui ont fait le pèlerinage de Bayreuth et reviennent convertis de la Jérusalem musicale : doublement heureux s'ils ont pu, grâce à quelque voyage en Suisse, pousser jusqu'à Wahnfried ! Voici le bataillon sacré des lecteurs de la *Revue Wagnérienne*; elle eut beau disparaître, elle n'en a pas moins auréolé pour longtemps Richard Wagner, par la plume de Huysmans, de Mendès et de Villiers, par le dessin de Fantin-Latour, de Jacques Blanche et d'Odilon Redon ; ses lecteurs admettent volontiers, avec Téodor de Wyzewa, que Wagner est pour l'évolution de l'art ce que fut, selon Bossuet, Jésus-Christ dans l'évolution du monde : tout doit s'envisager du point de vue wagnérien, depuis les fresques de Cnossos jusqu'aux danseuses de Degas. A de tels convaincus, toute autre musique apparaît fade et sans accent. Ils saluent Beethoven, et surtout la *Septième symphonie*, car Wagner y voyait l'apothéose de la danse ; mais ils condamnent celles de Schumann, car Wagner prohiba leur orchestration. Ce qu'ils aiment dans la jeune musique française, c'est la musique où l'accent wagnérien transparaît ; ce sont les fanfares boursouflées de l'ouverture de *Gwendoline*, c'est le prologue de *Fervaal*, car on assimile, non sans exagération, le cortège du héros blessé à la marche funèbre du *Crépuscule des Dieux*.

Ainsi pense encore l'immense majorité de ceux qui piétinent dans l'attente, au long du Châtelet, commentant *Heidentum und Christentum*, fredonnant la *Todesfrage* ou le thème des Walküren échevelées. Mais voici qu'on proteste discrètement, par la parole ou par un éloquent mutisme, contre cette obsession wagnérienne qui s'impose à trop de musiciens français ; on rappelle timidement qu'elle fut un malheur pour Chabrier, détourné par Wagner de sa véritable route ; on admire toujours la symphonie wagnérienne, mais on se déclare las des mythologies compliquées, du machinisme suranné, des considérations poético-philosophiques dont s'encombre *Tristan* comme la *Tétralogie*, de l'orchestre trop puissant, de la déclamation trop tendue. Qui parle ainsi ? Ce jeune homme, dont l'allure austère et quelque peu monacale fait songer aux rues les plus rigides de la rive gauche, imprégnées d'on ne sait quel jansénisme impénitent. Son amour, ou, pour mieux dire, sa foi s'adresse au pauvre maître de musique qui, toute sa vie, courut le cachet

dans Vaugirard, se réfugiant, le dimanche en son orgue
de Sainte-Clotilde et consacrant à son œuvre « le temps
de la pensée » : quelques heures par jour et deux
mois de vacances. César Franck exerce alors un rayonnement qui n'avait agi, jusqu'alors, que sur les seuls
disciples et sur les assidus de la Société Nationale. Le
public « commençait à comprendre » en 1890, à l'audition du *Quatuor* : premier succès (à 68 ans), dernière
grande œuvre. Mais la mort, comme pour tant
d'autres, a tout consacré. On connaît maintenant les
Chorals, on acclame la *Symphonie* d'abord vilipendée,
on prend — trop rarement — contact avec les *Béati-*
tudes. Non sans lutte : en 1893, la *Revue des Deux*
Mondes leur a doctoralement préféré *Mors et Vita*, de
Gounod. Mais les fidèles ont « souffert persécution
pour la justice », ainsi qu'ironisait Camille Bellaigue
en ne croyant pas si bien dire : et les voici « bienheu-
reux », car la cohorte est devenue légion. Le gros
public, rudement averti par la plume acérée d'Octave
Mirbeau, se voit contraint d'applaudir, sinon de comprendre. Curieuse unanimité : d'un côté la *Schola*
cantorum, foyer d'admiration quasi-mystique et consciente à la fois, qui place toute sa discipline, morale
aussi bien que musicale, sous l'égide du « pater seraphicus » ; de l'autre, le monde snob, que la sainte
existence et la candide musique de César Franck

attirent, comme l'attirent, pêle-mêle, la *Légende dorée*, *Sagesse* de Verlaine et les *Fioretti*. Les *Béatitudes* ont leur place, dans une collection d'élégances pieuses, entre le ciboire du xvᵉ siècle et la dalmatique byzantine. Inutile de discuter, d'ailleurs ; les commandements du parfait « honnête homme » l'exigent, par la voix du « Paris-Parisien » de 1897 ; « Blaguer la « musique de nos pères, *admirer Franck*, vibrer à la « musique de Wagner, tâcher d'être apte à com- « prendre Beethoven. »

Gloire dangereuse, quoique intacte encore. Il faudra qu'aient agi, précisément, vingt ans d'envoûtement debussyste et de charme fauréen pour qu'on dénonce, comme aujourd'hui Grovlez, Milhaud, Suarès surtout, le romantisme impénitent des premières *Béatitudes*, « le sérieux continu et presque ridicule » du père Franck, l'orchestre aux sonorités massives d'harmonium, la cathédrale sonore plus éloignée de Chartres que de Saint-Sulpice. Tout musicien, tout mélomane d'alors (sauf Saint-Saëns), admire les vastes cycles de la *Sonate* ou du *Quatuor*, et s'incline devant cette candeur franckiste « qui sert la musique sans presque lui demander de gloire » : ainsi parlera Debussy lui-même, malgré l'absence d'affinités électives. Mais il faut signaler que Franck vient d'être sacré chef d'école; et le chef d'école, surtout quand il s'agit d'une dignité posthume, risque toujours d'être accaparé par ceux qui prétendent le suivre, et l'adaptent à eux beaucoup plus qu'ils ne s'adaptent à lui. Pour la *Schola*, Franck est avant tout le dernier des grands musiciens d'église, le fils spirituel de Moralès, de Vittoria, du grand Pierluigi : pater seraphicus incapable de concevoir le mal comme de l'exprimer, toujours mystique et toujours orthodoxe, même quand il chante *Psyché*. Défense d'interpréter autrement, malgré les protestations du fils aîné de Franck ; défense de chercher en sa musique la moindre pénombre. Que devient, alors, l'admiration de ceux qui jugent et sentent autrement, de ceux qui voient dans l'œuvre de Franck un commentaire du mot fameux : *Ad augusta per angusta* ? Que deviennent « ces courtes phrases hachées, qui « s'élèvent dans une aspiration suppliante vers Dieu, « et presque toujours retombent, meurtries, toutes « baignées de larmes » ? On dirait qu'un parti franckiste lance l'anathème contre qui prétend aimer Franck sans être en état de grâce ; et comme il est déjà difficile de garder, devant une telle musique, l'attitude objective, l'excommunié peut devenir, demain, l'ennemi de ce système, et même de cet art.

Il y a plus grave : c'est l'extraordinaire emprise que Franck exerce sur sa famille artistique. Rarement un maître suscita pareille pléiade de musiciens : rarement, comme on l'a dit, maître fut moins tyrannique et plus écouté ; si grand fut ce rayonnement esthétique et moral que les disciples adoptent immédiatement la grande phrase modulante, le chromatisme expressif, le principe cyclique. Ils ont grand'peine à s'exprimer dans une autre langue que la sienne. Ce que Franck avait librement adopté, les fidèles le transforment en impérieuse formule. Non que les grands franckistes se ferment à toute autre musique : l'écrire serait mentir ou se tromper. Franck sut goûter *La Damoiselle élue*, Chausson fut l'ami de Claude-Achille, d'Indy saluera noblement l'aurore nouvelle qu'apportera *Pelléas*. Mais les simples élèves, trop dociles, accumulent déjà sonates, symphonies, quatuors, aux architectures vite écrasantes. Et celui qui s'inquiète devant tant de cathédrales sonores se met à la recherche d'horizons nouveaux.

Ils ne les trouvera pas chez Camille Saint-Saëns, et n'hésitera pas à se montrer injuste à l'égard du plus grand des néo-classiques. Il ne voudra pas avouer que Saint-Saëns réagit contre la décadence du goût, contre l'abandon des grandes formes musicales, car il ne comprend pas qu'un musicien puisse intéresser par la seule harmonie des sons justes et le seul déroulement des formes pures. Le futur debussyste ne peut sans doute aimer que l'émotion discrètement traduite : mais il réclame sa présence, et la veut revêtue d'une forme personnelle. Comment pourrait-il donc aimer *La Lyre et la Harpe*, la *Symphonie en ut*, œuvres d'une forme impeccable, d'une absolue limpidité, mais reflet, dirait-on, d'un âge mort et « d'un monde disparu » ? Quant aux grands ensembles où le piano s'unit à l'orchestre, il n'y voit que travail « respectable et dénué d'intérêt » — ainsi parle Louis Laloy, porte-parole de la génération montante —, sinon le concerto détesté.

Il demande surtout à la musique deux sortes de sensations nouvelles ; l'accent original, frais et pittoresque, allié à la sensibilité frémissante et cependant contenue. Il rêve d'une musique à la fois discrète et neuve. C'est pourquoi l'œuvre d'Edward Grieg, pourtant bien superficielle, a pu quelque temps lui plaire, pour son apparente ingénuité ; mais la matière était vraiment par trop mince. Il s'est attaché davantage à la révélation russe. L'exposition de 1889 a permis l'exécution d'*Antar*, dirigé par Rimsky lui-même ; elle apportait les nostalgiques *Steppes de l'Asie centrale*, et l'inexprimable *Ey Oukhnem* des bateliers de la Volga. L'alliance russe ayant favorisé la diffusion de l'œuvre slave, il a applaudi *La Khovantchina*, le *Soir d'été sur le Mont Chauve*, et n'oubliera plus, surtout si Mme Olénine d'Alheim a déroulé devant lui l'unique *Chambre d'enfants*. Curieux de sonorités nouvelles, il a dû s'intéresser aux musiques exotiques de l'exposition de 1900, et rencontra peut-être, devant les orchestres chinois et javanais, deux amis, deux compositeurs évidemment, prenant des notes. C'étaient Paul Dukas et Claude Debussy. Mais il se peut que cet exotisme à jet continu le fatigue : alors il se tourne, pas assez souvent, vers Gabriel Fauré, qui, nonchalamment, l'éternelle cigarette aux doigts, indifférent aux réclames bruyantes et même aux succès de l'orchestre, rénove, à lui seul, des domaines entiers. La *Première ballade* et le *Quatrième nocturne*, anciens déjà, s'émaillent cependant d'harmonies nouvelles, qu'on découvrira plus tard pour les consacrer « prédebussystes » ; la *Sonate* et les deux *Quatuors* déroulent depuis des années la souplesse émouvante de leurs lignes mélodiques au milieu d'une splendide floraison d'idées ; les innombrables mélodies qui chantent Verlaine et Samain, Villiers de l'Isle-Adam comme Leconte de Lisle, continuent, en l'élargissant, l'œuvre de Duparc, déployant à l'infini le champ d'action du simple lied, capable désormais d'exprimer, par la puissance du contour, par la subtilité discrète, quoique audacieuse, de l'harmonie, la nostalgie des *Masques et bergamasques* verlainiens, la silencieuse tragédie du *Secret*. Wagner subjugue, Franck émeut, Saint-Saëns appelle l'attention intellectuelle, Fauré charme ineffablement... Hélas ! Qui s'en doute alors ? La salle Pleyel est plus qu'à moitié vide quand le *Quatuor* en sol mineur s'y fait entendre, de temps à autre ; le public ne distingue pas souvent l'auteur des *Berceaux* du chanteur Faure, qui commit *Les Rameaux* et *Le Crucifix*. Et *La Bonne Chanson*, totalement ignorée, ne paraîtra pas de sitôt sur les pianos corrects, où Gounod voisine, pour longtemps encore, avec Bemberg et M. de Fontenailles. Beaucoup sont allés à Debussy qui n'auraient pas dédaigné Fauré, s'ils avaient pu savoir ; mais « le maître du charme » restera, longtemps encore, un grand inconnu.

Au reste, gardons-nous de chercher l'état d'esprit « prédebussyste » chez les seuls musiciens, voire chez les seuls mélomanes. J'en sais un qui n'avait jamais mis les pieds au concert, quand la bataille pour *Pelléas* l'attira vers l'Opéra-Comique. Et les meilleurs chevaliers servants de Mélisande n'étaient pas toujours des musiciens d'avant-garde, ou des mélomanes d'extrême-gauche. On expliquerait mal la génération de *Pelléas* par le seul état de la musique française : c'est un état de sensibilité générale qui la caractérise, et va la faire agir.

Certes, elle aime la musique plus et mieux que ses devancières. On parle musique autour des tables de dissection, — au sortir de l'École de Droit, — dans la cour du cosmographe d'Henri IV, où les élèves de

Bergson rangent volontiers l'émotion musicale au
nombre des données immédiates, — dans la cour rose
de Sainte-Barbe, où Charles Péguy, presque seul
parmi les « khagneux », se refuse au concert domini-
cal, — rue d'Ulm, dans ces turnes de l'École Normale
où vient de passer l'élève Laloy, où vibre la parole du
maître de conférences Romain Rolland. Toute la rive
gauche pratique la musique. Peu lui importe, en
général, le point de vue strictement technique, et c'est
mieux ainsi, s'il est vrai que « les pires auditeurs en
musique sont ceux qui ont appris l'harmonie » (c'est
d'Indy qui parle). Le goût musical est fonction du goût
poétique. « Je lui nommai mes. dieux, Verlaine et
Rimbaud. » Ainsi s'exprime le douloureux héros de
La Pierre d'Horeb, et, par là, tout devient clair.

Les goûts du jeune homme de 1902 reflètent, en
effet, la grande réconciliation qui s'est opérée entre
musique et poésie. Oubliés, les dédains ignorants qu'un
romantique français manifestait à l'égard de l'art
musical ; le temps n'est plus où Lamartine voyait dans
la poésie une musique, dans la musique une poésie,
mais refusait de les accorder l'une à l'autre, — où
Barbey d'Aurevilly voulait précipiter à la porte l'audacieux Rollinat, qui songeait à des mélodies sur *Les
Fleurs du Mal* ; et l'on ne verra plus, désormais, la
musique bouder la littérature au point de se contenter

des pires versifications. Ce n'est pas seulement une amicale réconciliation, comme en la personne de Théo, une simple « entente cordiale » entre musiciens et poëtes, comme à l'entresol de l'éditeur Lemerre où Chabrier coudoya, tout jeune, France et Banville. C'est une mystérieuse correspondance entre les deux arts frères, prédite par Baudelaire en son fameux vers-programme, réalisée par le symbolisme triomphant. Car le symboliste veut avant tout dépasser l'apparence sensible, et la rattacher aux états psychologiques qu'elle éveille. Il veut suggérer, non décrire ; le mot, renonçant à dépeindre pour dépeindre, tente, par son sens, par sa forme, par sa sonorité même, de susciter un cortège de sensations multiples. Le poëte demande au lecteur une sorte de connivence spirituelle, une réceptivité intuitive — au moment même où paraissent les premiers travaux de Bergson —, et son œuvre, désormais évocatrice, s'arrache au domaine purement verbal pour devenir musique.

Tous alors font appel à l'art sonore, pour demander que la poésie s'en rapproche, depuis Sully-Prudhomme qui demande une « expression musicale » complétant l' « expression littérale », depuis Huysmans dont l'âme inquiète souhaite, en poésie, « quelque chose de vague comme une musique qui permette de rêver sur des au-delà », jusqu'à ceux qui réalisent cette transmutation par leur œuvre propre. Mallarmé voit dans la musique « le dernier et plénier culte humain », et dès 1885, le manifeste du Décadent compare ses poëmes aux ensembles wagnériens. Verlaine a voulu

> *de la musique avant toute chose,*

et c'est musicalement qu'il évoque, par une chanson qui semble ingénue, par une imprécise mélopée, « l'interminable ennui de la plaine..., les sanglots « longs des violons..., le bruit doux de la pluie par « terre et sur les toits ». Celui qui s'est imprégné d'une telle poésie la sent chanter en lui-même, avant que la musique de Fauré ou de Debussy l'ait illuminée.

Et le lecteur des symbolistes reporte l'esprit des vers qu'il aime sur la musique qu'il attend. Il la veut discrète et sans faconde ; Verlaine n'a-t-il pas dit :

> *Prends l'éloquence et tords-lui son cou ?*

Il a trop aimé ces chœurs de *Polyphème*, vibrants et languides, véritable suite d'accords, pour ne pas rêver d'avance à la lente théorie des *Danseuses de Delphes*. Il a trop vécu de cette poésie du silence, lourd d'émotion comme de pensée, pour ne pas appeler la méditation d'Arkel et le murmure de l'orchestre en sourdine. L'amour, au lieu de s'adonner aux clameurs romantiques, incite au recueillement qui savoure sans bruit le bonheur éphémère ; la tristesse, hostile désormais aux modes pathétiques, ne veut, pour s'exprimer, que la plainte étouffée des cantilènes. Quel musicien va traduire cela, méritant pour devise l'odelette d'Henri de Régnier :

un petit roseau m'a suffi...,

découvrant la ligne expressive et nette, chère à l'estampe japonaise alors tant aimée, la parant d'une harmonie aussi chatoyante que la couleur d'un Claude Monet ? Quel musicien, surtout, va traduire cette atmosphère de fatalité qui plane sur l'époque entière comme sur les drames d'Ibsen, et chanter, sans cris, la peine « de ne savoir pourquoi... » ?

Au temps de sa réaction contre Wagner et le wagnérisme, Nietzsche écrivit *Le Crépuscule des Idoles*, et s'efforça d'évoquer le type de musicien nécessaire au monde. « Voici, disait-il, un musicien qui est passé « maître dans l'art de trouver des accents pour expri« mer les souffrances et les tortures de l'âme, et aussi « pour prêter un langage à la désolation muette. Il « n'a pas d'égal pour rendre la décoloration d'une fin « d'automne, ce bonheur indiciblement touchant « d'une dernière, bien dernière et bien courte jouis-

« sance ; il connaît un accent pour les minutes de
« l'âme, secrètes et inquiétantes, où cause et effet
« semblent se disjoindre, où, à chaque moment,
« quelque chose peut surgir du néant. »

De telles lignes ont une valeur prophétique et pleinement divinatoire. Impossible de mieux définir, par avance, celui que la génération nouvelle attend.

II

MAGISTER CLAUDIUS SOMNIUM DAT

Celui-là se forme alors, dans la pénombre qui s'impose aux grands individualistes, et qui convient au méditatif un peu renfermé qu'il fut toute sa vie. Faut-il le suivre pas à pas ? C'est chose aujourd'hui presque possible. Les amis ont parlé, les correspondances voient le jour : nous leur devons les publications de la *Revue musicale*. Elles ne prétendent pas constituer un travail d'ensemble, et les confidences qu'elles apportent gardent, de ce fait, la saveur du document direct. Raison de plus pour y renvoyer purement et simplement. Il suffira d'évoquer ici quelques étapes.

C'est l'enfance, qui s'est écoulée dans le Saint-Germain-en-Laye du second Empire, alors beaucoup plus provincial qu'aujourd'hui. La Terrasse du château n'est pas encore l'inévitable rendez-vous de l'Amérique en voyage ; pas de musée préhistorique, appelant à lui les congrès polyglottes ; l'autocar n'a pas vu le jour. Ici commence la province, autant, sinon plus, qu'avec le Beauvais ou le Chartres de 1926 ; et rien n'altère — on se plaît à l'imaginer du moins, grâce au recul —

cet air vieille France ici que tout respire.

D'ailleurs, la légende a pris corps. Que nous importe une terne réalité, faite d'anecdotes prosaïques, maintenant qu'il existe, sur les lieux mêmes, un Conservatoire Claude Debussy ? Les primitifs plaçaient l'auréole au front du « bambino » qui serait — c'était écrit — saint Côme, saint Damien, saint François : pareillement, il nous plaît de nimber Claude-Achille d'une auréole musicale à partir de 1862, l'année de la naissance. Rien ne nous empêchera de retrouver dans les premières mesures de *Pelléas* la vision de la forêt prochaine. Nous voulons que le merveilleux panorama l'ait inspiré comme il inspira Maupassant : « Les « coteaux lointains de Sannois et d'Argenteuil se des- « sinaient sous une brume légère et bleuâtre qui les « laissait à peine deviner. Le soleil baignait de sa « lumière abondante et chaude tout le grand paysage « un peu voilé par les vapeurs matinales, par la sueur

« de la terre chauffée s'exhalant en brouillards menus,
« et par les souffles humides de la Seine », comme il
devait par la suite inspirer Magnard, en la plus délicate peut-être de ses *Promenades autour de Paris*. Il
faut que le petit Claude-Achille ait fredonné des
rondes enfantines : *Do do, l'enfant do, Nous n'irons
plus au bois*, entre deux averses, sur quelque gazon de
banlieue : telle est désormais l'inévitable vulgate des
Jardins sous la pluie.

Éternelle enfance du génie : le biographe exige que
tout y soit significatif et lourd de conséquences.
Claude-Achille aimait, tout jeune, la chasse aux papil-
lons et rêva longtemps devant l'éclat bigarré de leurs
ailes : sans doute verra-t-on là, quelque jour, la source
indiscutable de son « impressionnisme » — si justement discuté. — Il affirmait le goût de la gravure
menue, jaillissant de la grande marge blanche, et n'hé-
sitait pas à s'en pourvoir aux dépens d'une magnifique
collection du *Monde Illustré*, orgueil de M. Pierné
père : d'aucuns vont assurément trouver ici l'indice
éclatant des futures *Estampes* et des *Images* encore
lointaines. Notons cependant qu'il accuse, dès l'enfance, le goût de la chose délicate et fine : à ses yeux,
qualité l'emporte sur quantité, même en cuisine, où
ses préférences vont aux petits fours et au doigt de
Vouvray. Évitons les inductions naïves et la prophétie

du passé ; reconnaissons toutefois, sans arrière-pensée, que ceci n'est pas rien.

Mais qu'on nous épargne au moins le couplet sempiternel quant à la vocation contrariée. Il pourrait prendre une apparence vraisemblable, si l'on se rappelait que le père de Claude-Achille voulait faire de son fils un marin : or rien ne fit, semble-t-il, obstacle à ses goûts musicaux. Il doit à sa famille ses premières émotions théâtrales, et n'a jamais caché que *Le Trouvère* avait bouleversé son adolescence ; ainsi, plus tard, les « mélos » de la Porte Saint-Martin devaient révéler à Jacques Copeau l'art dramatique. Ses parents lui offrent mieux encore. D'abord un vieux piano, devant lequel l'écolier fantasque oublie ses devoirs pour retrouver les échos de la musique militaire ; puis une éducation musicale complète. Le premier professeur, il est vrai, ne remarque rien : c'est un vieil italien, nommé Cerutti, rencontré à Cannes au cours de quelques vacances. Mais voici « le hasard providentiel », en la personne de Madame Méauté de Fierville, élève de Chopin, mère de Charles de Sivry, propre belle-mère de Paul Verlaine. Et le rapprochement ne manque pas de saveur. Au moment même où elle se brouille pour toujours avec le gendre génial et fantasque, auquel elle ne peut pardonner l'influence de Rimbaud « le mauvais génie », elle fait travailler assi-

dûment le petit Claude-Achille, le préparant au Conservatoire, prévoyant des gloires prochaines ; mais
comment prévoir que le petit élève, déjà curieux de
neuves harmonies, serait bientôt le grand traducteur
musical des *Fêtes galantes* et des *Ariettes oubliées* ?

« Vingt ans après »... Par une radieuse après-midi
d'été s'accoude au parapet du Pont-des-Arts un tout
jeune homme qui contemple l'évolution des bateaux-
mouches sur la Seine frissonnante au soleil. Il semble
n'être qu'un de ces « délicieux badauds que l'Europe
nous envie »... Tout à coup, quelqu'un lui saisit
l'épaule et lui crie, d'une voix plus qu'émue : « Vous
avez le prix de Rome ! » Et Claude-Achille Debussy,
promu à la récompense suprême, ne sait trop que pen-
ser de son propre triomphe. Il veut bien se croire,
par instants, « le petit chéri des dieux » dont parlent les
légendes antiques : mais il songe, à l'instant qui suit,
qu'il est devenu personnage officiel et qu'il va perdre
Paris. « J'aime trop ma liberté et ce qui est à moi »,
écrira-t-il bientôt. Au fait, sait-il alors très bien ce
qui est à lui ? Ces contradictions, si naturelles d'apparence, révèlent assez bien le Debussy de la vingt-
deuxième année, qui s'étudie, se cherche et se renie
souvent : il pourrait déjà dire qu' « en art, on n'a à
« lutter le plus souvent que contre soi-même » et que

« les victoires qu'on y remporte sont peut-être les plus
« belles. »

Depuis 1873, il travaillait au Conservatoire, et vient
de parcourir toute la filière. Quatre années de solfège,
base solide et nécessaire même à ses émancipations
futures, l'ont révélé, tout à la fois, excellent élève et
esprit frondeur : excellent, tant qu'il s'agit d'analyser
un accord, de transposer à livre ouvert, de réduire
au pied levé telle partition d'orchestre ; frondeur, s'il
est question de se plier aux traditionnelles chinoiseries,
ou d'admettre une fois pour toutes le sacro-saint principe des mesures dites composées. — Trois ans de
piano : le frondeur est devenu le protestataire qui
résiste aux gymnastiques imposées, pour déchiffrer à
sa guise, et qui refuse d'être le bon élève régulier sou-
haité par Marmontel. Il joue bien ce qui lui plaît,
mais cela seulement ; c'est ainsi qu'il n'obtient aucune
récompense en 1876, avec l'op. 111 de Beethoven, tandis que la *Sonate en sol mineur* de Schumann, tumul-
tueuse et libre, lui vaut, l'année suivante, un second
prix. — Voici les classes d'harmonies, qui permettent
au protestataire de faire figure d'anarchiste. Une apparition chez Franck, éphémère, car il se refuse à modu-
ler, comme le voudrait l'auteur des *Béatitudes* ; trois
années, plus qu'orageuses, chez Émile Durand. Phobie
des cadences imposées... Acharnement à ne jamais

découvrir « l'harmonie préétablie » de l'auteur, pour n'entendre que la sienne... Joie délirante quand le maître est en retard : « Chers orphelins, en l'absence de vos ascendants, je vais vous donner la becquée ! » Et les orphelins — on a compris qu'il s'agit des camarades médusés — se régalent d'enchaînements harmoniques sans précédent. Résultat : pas de récompense en harmonie théorique. — Mais vient la classe d'accompagnement, professée par Bazille, à qui Debussy pardonne tout de suite un amour immodéré pour Léo Delibes, car le maître est consciencieux, d'esprit ouvert, et la matière enseignée requiert toute la souplesse de Claude-Achille. Réalisation de la basse, accompagnement improvisé du chant donné, réduction au piano d'une partition d'orchestre, voilà qui convient à ses goûts comme à sa culture ; et le premier prix n'est pas qu'une récompense scolaire. — Restait la grande étape, celle du concours de Rome : il vient d'y réussir par la classe de composition de Guiraud. Très supérieur à l'oubli dans lequel il est à peu près tombé, musicien passionné, de goût très sûr, assez perspicace pour discerner chez ses élèves les dispositions favorables, assez paresseux pour leur laisser toute liberté, il agit en conseiller affectueux. Sur son conseil, Debussy garde en portefeuille la comédie de Banville, *Diane au bois,* qu'il a mise en musique. 1882 lui vaut un accessit de contrepoint et fugue ; 1883 lui apporte le second grand prix ; 1884, enfin, le sacre grand-prix de Rome, avec la cantate de *L'Enfant prodigue*.

Il a donc reçu, parfois subi, tous les enseignements nécessaires, et triomphé de l'épreuve qu'il comparera plus tard au concours d'animaux gras. Avant lui, le prix de Rome a rarement couronné des musiciens personnels, et Massenet reste une exception. Faut-il en conclure qu'il a, pour ce faire, volontairement « camouflé » son moi ? A-t-il à dessein parodié Massenet pour éblouir ses juges ? Ses camarades l'en ont soupçonné ; le public l'a cru longtemps ; lui-même a, par la suite, formellement renié *L'Enfant prodigue*. Mais il ne l'a pas renié sur-le-champ : voilà l'essentiel.

Ses réalisations d'alors ne sont pas encore l'image absolument fidèle de son rêve, surtout quand il écrit une œuvre de vastes dimensions. Malgré le charme enveloppant de son prélude, malgré le pittoresque qui se fait jour dans le cortège et l'air de danse, *L'Enfant prodigue* reste une agréable, mais fort honnête cantate, où Lia, la mère éplorée, prouve qu'elle n'ignore ni Massenet ni Gounod, où les trois personnages unissent, sagement, leurs voix de soprano, de ténor et de basse pour terminer sur l'hommage traditionnel à la divinité. Tout explique l'enthousiasme de Gounod, et les vingt-deux voix sur vingt-huit que Debussy recueille dès le

premier tour de scrutin. Mêmes traces de timidité,
quand il écrit, un peu plus tard — à Rome ou au
retour de Rome ? — la *Fantaisie* pour piano et
orchestre. Quoique le mystère et l'impondérable trans-
paraissent déjà, dans la transition qui relie l'andante
au final, et que le premier temps révèle déjà la
rythmique rieuse et quasi païenne de la *Danse*,
Debussy n'y sait pas encore garder cette juste propor-
tion dans le développement qu'il va désormais s'imposer à lui-même ; il y garde surtout la forme cyclique,
rénovée par Franck : il s'en aperçoit bien vite, et renie,
comme *L'Enfant prodigue*, la *Fantaisie*, qu'il ne laissera
pas exécuter de son vivant.

Mais qu'il écrive de courtes mélodies, le voici
maître de son invention, et tout change, surtout s'il
commente Verlaine. Dès 1880, il l'a découvert, et a
vêtu « l'ombre des arbres, dans la rivière embrumée »
d'harmonies déjà « debussystes ». Moins de deux ans
plus tard, il écrit pour Madame Vasnier cet album
publié par la *Revue musicale* : *La Pantomime*, la première version du *Clair de Lune*, le *Pierrot* de Banville,
l'*Apparition* de Mallarmé s'enveloppent d'accords ou
d'arpèges audacieux et frémissants. Mieux : ils dé-
noncent, pour la première fois, cette union de la sensibilité lointainement mélancolique à l'ironique fantaisie dont s'illumineront tant d'œuvres, depuis les

Fantoches jusqu'aux deux livres de *Préludes*. Dès maintenant, les *Fêtes galantes* peuvent naître.

Six ans plus tard... Au numéro 9 de la Chaussée d'Antin, la « librairie de l'Art indépendant » jette sur la chaussée bruyante la spiritualité de son étalage symboliste. Parmi quelques volumes, investis de la sirène de Félicien Rops et portant la devise exclusive : « Non hic piscis omnium », une mince et haute plaquette attire le regard, grâce à l'admirable couverture de Maurice Denis, où l'on voit une figure préraphaélite, transfigurée par l'immatérielle extase, s'ériger devant les âmes heureuses : ceci recouvre la musique non moins immatérielle de *La Damoiselle élue*, par Claude Debussy.

Entrons. Le maître de céans, Edmond Bailly, qui dissimule mal la flamme occultiste et musicale derrière les lunettes d'or, se partage entre le client — oiseau rare — et l'habitué des lieux. D'aucuns songent à interroger les esprits, dans le fond de la boutique ; d'autres, plus simplement, parlent musique et poésie. C'est là qu'apparaît parfois, en compagnie de Pierre Louÿs qui va faire paraître son *Astarté*, non loin d'Henri de Régnier qui rêve à ses prochains *Épisodes*, un jeune homme aux mouvements un peu lents, en qui « tout est rond », comme dira plus tard Suarès, depuis le front bossué et la barbe soyeuse jusqu'aux gestes sans brusquerie : seul émerge le regard, chaud et pensif. Une conversation fragmentaire, toujours distante et parfois lointaine, car Debussy se sent observé. Il feuillette les livres, palpe les bibelots, s'arrête aux gravures ; mais il ne s'anime, s'il s'anime, que pour parler musique, mal satisfait de celle qu'il entend, de la sienne même qu'il voudrait supérieure à toutes ses réalisations. Nulle animosité méchante contre le confrère : de l'admiration pour d'Indy, de l'affection quasi fraternelle pour Chausson. Mais nul enthousiasme facile, nul abandon banal... Il part, à la recherche du Faune, sans avoir voulu étonner, sans s'être vraiment révélé à qui que ce soit.

Sauvage avant la vingtième année, facilement irritable et le sachant, il ne veut pas s'exhiber au premier plan de la génération symboliste. Non-sens absolu que de l'imaginer fréquentant les derniers « zutistes » de la rue de Rennes. Rien d'identique entre les propos les plus aigus de Monsieur Croche et certaines orgies littéraires qui paraissaient « au bureau du *Décadent* ». Le diligent Ernest Raynaud ne cite Claude Debussy ni parmi les habitués des soirées de *La Plume,* ni parmi les convives qui se pressent le 3 janvier 1891, à l'Hôtel des Sociétés savantes, pour le banquet fameux du *Pèlerin passionné*. Rarement il figure dans les

cénacles de la rive gauche, et la « vie de café » ne
sera jamais la sienne. Il faut qu'un demi-hasard le
mette en présence des gants immaculés et du monocle
flamboyant de Moréas, et c'est pour qu'il arbore, ce
soir-là, son masque d'ironie : car l'auteur des *Syrtes*
pérore doctement sur le second *Faust*, et l'auteur de
La Damoiselle élue, prévenu d'ailleurs, renchérit en
matière d'érudition gœthéenne.

La rive droite n'est pas non plus sa préoccupation
constante ; il n'est pas, quoi qu'on ait dit, l'habitué
systématique des mardis de la rue de Rome. Certes il
a subi l'atmosphère de la célèbre salle à manger-salon,
rêvé sous le portrait du maître par Whistler, écouté la
« voix douce, musicale, inoubliable » qu'évoque,
après tant d'autres, André Gide, recueilli, comme Lau-
rent Tailhade, le « trésor infini » des « nobles para-
doxes », presque toujours poétiques et musicaux, que
Stéphane Mallarmé déroula. Est-ce à dire que la
musique de Debussy réalise, purement et simplement,
l'idéal mallarméen ? On le penserait presque, à relire
cette affirmation : « Nommer un objet, c'est supprimer
« les trois quarts de la jouissance du poème qui est
« faite du bonheur de deviner peu à peu ; le suggérer,
« voilà le rêve. C'est le parfait usage de ce mystère
« qui constitue le symbole ; évoquer petit à petit un
« objet pour montrer un état d'âme ou, inversement,

« choisir un objet et en dégager un état d'âme par
« une série de déchiffrements. » Mais on devient moins
convaincu si l'on veut se souvenir

du dieu Richard Wagner irradiant un sacre
mal tu par l'encre même en sanglots sibyllins,

et surtout de la *Neuvième Symphonie*, où Mallarmé
voulait voir « le modèle des modèles, le type d'archi-
« tecture s'adaptant à tous les arts ». Ceci n'a jamais
concordé avec les goûts de Claude-Achille ; et la dis-
semblance apparaît plus forte encore à qui relit *La
musique et les lettres*. On s'aperçoit alors que Mallarmé
médite de « reprendre à la musique son bien », et
qu'il veut faire une poésie musicale parce qu'il juge
élémentaires les sonorités des cuivres, des bois et des
cordes. L'idée, dit-il en substance, peut avoir deux
faces, c'est-à-dire deux façons de se manifester, la
musique et la poésie ; or il jugeait la première « élar-
gie vers l'obscur », et la seconde « scintillante avec
certitude ».

Aussi n'irons-nous pas chercher, en Debussy, je ne
sais quelle correspondance minutieuse avec le théori-
cien du symbolisme. Mais nous reconnaîtrons au moins
qu'il a, depuis le prix de Rome, magnifiquement
élargi sa culture. Sa jeunesse d'écolier fantaisiste ne

l'y avait pas prédisposé. Mais, dès le Conservatoire, il pratiquait Banville, qui lui inspira sa première mélodie. A Rome, où il s'ennuie mortellement, s'il faut en croire sa correspondance avec M. Vasnier, il apprend du moins à écrire, et ses lettres d'alors, moins achevées que les *Entretiens de Monsieur Croche*, sont aussi savoureuses. Rome a, d'autre part, développé ses goûts artistiques, qui s'affirment contraires aux goûts académiques. Il ne peut rien aimer de la villa Médicis, où tout lui rappelle, paraît-il, un discours de réception, y compris « les éloges qu'on y fait de Michel-Ange » ; car il déteste (comme ce secrétaire d'ambassade évoqué par Zola) le Jugement dernier de la Sixtine, et cette antipathie s'étend aux fresques de Raphaël, qu'il n'admet que dans les Loggie. Il a quitté Rome avant terme ; et ce qui l'a reconquis à Paris, c'est l'atmosphère nouvelle, l'esprit nouveau qui règne dans l'art et la pensée, l'accueil fait aux esthétiques étrangères. Il va droit à Claude Monet, bien qu'il dénonce déjà chez le peintre des Nymphéas une tendance à la répétition ; il admire Degas sans réserve aucune ; il se passionne de plus en plus pour l'art extrême-oriental, que l'exposition de 1889 met en pleine lumière. Il surveille avec soin les courants littéraires qui surgissent, et découvre *La Damoiselle élue* de D. G. Rossetti au moment précis où la France et l'Angleterre littéraires s'accueillent, au moment où Gabriel Sarrazin, l'ami de Paul Bourget, publie ses *Poëtes modernes de l'Angleterre*. Bref, Debussy réalise le type du compositeur humaniste, rare chez nous depuis la Renaissance, et continue — sur ce point comme sur d'autres — la tradition des Mauduit et des Costeley ; non seulement par ses goûts, mais par son œuvre littéraire. Il sera plus tard, aux temps de *Pelléas*, le chroniqueur étincelant de la *Revue Blanche* et du *Gil Blas :* il est déjà le poète Claude Debussy, qui collabore avec le musicien Claude Debussy pour la réalisation des *Proses lyriques*. Et là se révèle, plus qu'évidente, l'action des poètes symbolistes. L'emploi du vers libre fait songer à Henri de Régnier et à Gustave Kahn ; la phraséologie de *Dimanche* ne va pas sans analogies avec *L'Hiver qui vient*, de Jules Laforgue ; l'ombre féminine qui

> *vient de passer, la tête emperlée*
> *maintenant navrée, à jamais navrée*

s'apparente à *La Damoiselle élue* pleurant son rêve effacé ; le mauvais rêve de *Fleurs* peut passer pour un souvenir des *Serres Chaudes* de Maeterlinck ; tous les raccourcis d'expression trahissent la pratique de Mallarmé, de même que « la Vierge or sur argent », qui « laisse tomber des fleurs de sommeil », m'évoque la fée d'*Apparition*, la fée qui, chaque soir,

Passait, laissant toujours de ses mains mal fermées
Neiger de blancs bouquets d'étoiles parfumées.

Voilà qui situe Claude-Achille au milieu de la génération symboliste et postsymboliste ; voilà qui prépare aussi à l'intelligence de sa musique. Il a déjà le droit, dont il usera largement plus tard, d'appréhender les confrères attardés, qui piétinent, parce qu'ils ne savent que le métier sonore. Mais il faut aussi joindre à ce bilan intellectuel la somme de ce qu'il pense, ou éprouve, devant la musique des autres.

Ici encore, rien d'académique ni de catalogué. Ses admirations de tout jeune homme allaient à la *Namouna* de Lalo, si démonstratives qu'elles lui valaient au Conservatoire une réprimande officielle, si profondes aussi qu'il ne cessa jamais d'y voir « une manière de chef-d'œuvre ». Avant la vingtième année, ce fut Wagner, et par-dessus tout *Tristan* : pourquoi le cacher, sous prétexte qu'il reniera plus tard ses amours de jeunesse ? Il en porte alors la partition sur lui ; il s'avoue, villa Médicis, wagnérien « jusqu'à l'oubli des principes élémentaires de la civilité » ; il proclame alors, quand l'inspiration reste rebelle à ses premiers essais dramatiques — *Diane, Zuleima* — que Wagner seul pourrait lui servir et qu' « il serait ridicule même d'essayer ». Le désenchantement ne viendra que plus tard, et moins vite qu'on ne l'a dit. Le pèlerinage à Bayreuth, en 1889, le détourne bien des *Maîtres Chanteurs*, mais non de *Parsifal* ; plus tard encore, il joue, pour l'ami qu'est Paul Dukas, des scènes entières de *Tristan*, et collabore avec Raoul Pugno, le 12 mai 1893, quand Gailhard prélude à la première de *La Walkyrie* par une conférence de Mendès sur *L'Or du Rhin*, avec auditions pianistiques.

Le vrai, c'est que d'autres amours sont apparues alors, ou vont apparaître. Sa neurasthénie romaine semble s'éloigner, s'il entend, au fond d'une église isolée, la seule musique religieuse qu'il admette : Palestrina, Orlando de Lassus, avec qui le contrepoint, « soulignant le sentiment des mots avec une « profondeur inouïe, devient admirable » ; émotion qui ne disparaîtra plus, puisqu'il ressuscitera Pierluigi dans les grands ensembles du *Martyre de saint Sébastien*. — De retour à Paris, le voilà saisi par toutes les musiques neuves. Chabrier lui impose l'emprise de sa rythmique savoureuse et de son audacieuse harmonie : emprise sans laquelle il n'eût peut-être pas réalisé pleinement la fantaisie des *Fantoches*, de *L'Isle joyeuse*, des *Minstrels* et de la *Ballade des Femmes de Paris*. Il se lie d'amitié — si ce n'est fait déjà — avec Erik Satie, l'étrange « précurseur » dont la première *Sarabande*, parue dès 1887, évoque toute l'harmonie de la sienne. Et surtout il prend *peu à peu* contact avec les Russes.

Faut-il répéter que son premier voyage en **Russie** (1879) lui valut, avant tout, un furoncle et un **chronomètre** ? Soit. Mais il n'en était pas moins passé par Vienne, où il fit connaissance non seulement avec **les** Tsiganes, mais avec Borodine et Balakirew. L'exposition de 1889 lui révéla, grâce à l'éditeur-mécène **Belaieff**, les Poëmes symphoniques de Rimsky. Restait à éprouver la grande impression, l'amitié posthume avec Moussorgsky. Elle fut plus tardive et moins spontanée qu'on ne l'a cru. Il fallut l'acharnement illuminé de Jules de Brayer, qui prônait *Boris* depuis 1894, le salon musical de Chausson, où il déchiffra la partition, les conférences de Pierre d'Alheim pour le conquérir pleinement.

Et tout cela laisse en Debussy des traces qui sont ici preuve d'enrichissement. Il est dans son œuvre des hommages discrets à Chabrier et à Satie ; il est naturel qu'un « parsifalisme » atténué palpite avec le prélude de *La Damoiselle élue* ; il est vraisemblable que *L'Après-midi d'un faune* ait été précédée de la lecture de *Thamar* de Balakirew, et qu'un souvenir très lointain de Borodine passe dans le quatuor. Mais tout cela s'amalgame au point que Debussy donne à l'empreinte même un accent personnel. L'empreinte n'aboutit jamais à la réminiscence directe ; jamais l'auditeur le plus perspicace n'aura le droit de dire : ceci vient d'ailleurs. L'influence est au contraire libératrice, et suscite par ricochet, dirait-on, des aspects nouveaux. Les musiques d'autrui réagissent sur son rêve personnel et font éclore ces œuvres qu'il se refusait à concevoir, dans l'atmosphère trop scolaire de la villa Médicis, et que fustige le docte Institut : car celui-ci diagnostique, dès 1886, que « M. Debussy semble aujour- « d'hui tourmenté du désir de faire du bizarre, de « l'incompréhensible, de l'inexcusable ». Il veut bien espérer, par bonheur, que « le temps et l'expérience « apporteront, dans les idées et dans l'œuvre de « M. Debussy, de salutaires modifications ».

« Le temps et l'expérience » ont apporté cette émouvante floraison, reflet de sa complexe trentaine. Voici l'écho de sa culture anglaise : *La Damoiselle élue*, vision céleste et nostalgique, qui se superpose au poème de Rossetti sans étroite subordination. Par-dessus le rêve d'union mystique, rayonnante et chaste, sous les yeux de la Vierge et de ses cinq suivantes, dans le ciel que parcourent des cohortes d'anges musiciens, une voix s'élève, inconnue par rapport à Debussy lui-même, à cent lieues de cet *Enfant prodigue* déjà renié. Accoudée « aux barrières d'or du ciel, l'Élue parle, et c'est l'apparition d'un récitatif continu, limpide, mais dont la limpidité laisse entrevoir déjà, quelque inquiétude. Les anges s'expriment : ensembles frêles et ténus, suspendus dans l'irréalité comme les purs esprits qu'évoqua Giotto. Préparant le verbe ou le prolongeant, un orchestre expressif jusqu'en ses silences, et si neuf, même après *Parsifal.* Déjà le prélude, concis sans sécheresse, lumineux sans éclat, apporte les accords imperceptiblement dissonants, les arpèges qui montent comme une bouffée de parfums, les cantilènes aiguës qui semblent surgir des accords graves. Et sur tout cela plane on ne sait quelle fatalité, qui n'est point celle de *Pelléas :* moins angoissante, moins inaccessible, soustraite simplement aux contingences banales, elle commente, dirait-on, ce vers du poète :

Look in my face... My name is Might-have-been...

Voici l'héritage de sa passion wagnérienne : ces poëmes de Baudelaire dont Suarès dira, très justement, qu'ils font songer à du « Wagner éblouissant ». Non qu'il faille établir une symétrie factice entre les poëmes de Baudelaire et les lieder préparatoires à *Tristan.* Mais retenons simplement que Debussy, par là, semblait s'orienter dans une voie qu'il ne devait plus jamais parcourir, et que la pratique de *Tristan* ne fut pas étrangère à cette exception géniale. C'est l'ampleur et même l'âpre tension de la phrase mélodique, qui se déploie comme le rêve voluptueux du poëte devant le jet d'eau ; c'est la puissance colorée d'un accompagnement tel qu'il évoque à lui seul des sonorités orchestrales ; c'est « l'ajustage » à cette rêverie monologuée, à cet alexandrin si plastique qu'il ne pourrait se contenter d'un récitatif étouffé, à cette rime si riche d'échos que la musique est obligée de les répercuter. Mais on n'ose affirmer, avec Suarès encore, que cet art ne fut pas le sien. Je retrouve Debussy dans le seul choix des poèmes ; c'est bien lui qui devait négliger le romantisme des *Hiboux*, la déclamation de *Spleen*, pour s'attacher au *Jet d'eau*, « où la volupté se mélange tellement de repos qu'elle s'en purifie », à *La Mort des Amants*, « sonnet si délicatemento mbragé de sensualité funèbre ». C'est lui qui peut traduire, avec autant d'unité que d'exactitude, l'évolution de *Recueillement* : langueur souffrante du début, évocation puissante et trouble de la ville jouisseuse, appel plaintif aux « défuntes années », lente et sépulcrale montée du crépuscule. C'est lui surtout qui pouvait, adoucissant le contour un peu net de certains poèmes, leur apporter autant de puissance émotive et rêveuse. Pour prolonger ainsi l'harmonie berceuse du *Jet d'eau*, pour déployer sur la ville obscure cette atmosphère unique, il fallait être, par ailleurs, le grand interprète de Verlaine.

Verlaine ne lui apporte pas que ses cantilènes où tout est déjà musique. L'écho des *Ariettes* et des *Fêtes galantes* ne vibre pas seulement dans les mélodies de Claude-Achille, et se laisse entendre dans mainte pièce pour piano. Une rime verlainienne a certainement inspiré ce titre : *Suite bergamasque*, et la grâce un peu sourde du *Menuet*, l'élégance surannée du *Passepied* font surgir, comme les vers de Lélian, ce xviii° siècle embrumé de mélancolie contemporaine qui fut cher aux symbolistes. La *Petite suite* à quatre mains, dont la forme précise évoque les musiciens d'autrefois, garde cependant quelque physionomie verlainienne, avec le sourire contraint du menuet qui semble illustrer, tout à la fois, *L'Embarquement pour Cythère* et *L'Ile heureuse* d'Albert Besnard. Et les *Masques*, plus tard encore, ressusciteront Scaramouche et Pulcinella... Mais l'âme de Verlaine ne pouvait, chez Debussy, mieux s'exprimer que par la mélodie. *Mandoline*, *Ariettes oubliées*, premières *Fêtes galantes* apportent, en fait, plus et mieux que l'étonnante compréhension d'un texte : traduire un poëme de Verlaine, c'est déjà — comme dans *Pelléas*, bientôt — le recréer à nouveau, prolonger jusqu'à l'émotion demi-consciente ce que le vers a simplement indiqué : suggestion qui

s'opère, pour la première fois, par l'harmonie debussyste et le récitatif debussyste. Des accords de neuvième préludent à la chanson vibrante et lasse :

C'est l'extase langoureuse...

Il n'a pas besoin de puérilités imitatives pour traduire
« tous les frissons des bois » : une suite de quintes,
frêle et gracile, suivie d'une septième imprévue, suffit
à dire le murmure de la brise et de la forêt, de même
qu'ailleurs une harmonie pour ainsi dire immobile,
en si majeur, exprime suffisamment

le calme clair de lune, triste et beau.

Il s'arrête au rêve extasié d'*En sourdine*. Fauré le
chante par une ligne mélodique qui s'adapte, d'ailleurs, à tous les méandres du poëme : Debussy, lui,
fait choix d'une demi-mélopée, rythmée plutôt que
mesurée, sans stabilité tonale, tantôt nimbée d'un
halo sonore, pour indiquer la tendresse qui monte,
tantôt voisinant avec une chanson de flûte, agreste et
capricieuse, qui vibrera, plus ou moins déformée,
dans les premières mesures de *L'Après-midi d'un faune*,
dans la première des *Chansons de Bilitis*, dans *Le Petit
Berger* de *Children' s Corner*, dans *La Fille aux cheveux
de lin*. Ainsi les mélodies verlainiennes dépassent, en

ce sens, les poëmes qui les ont fait naître, comme pour préparer au songe qu'apporte l'œuvre debussyste tout entière.

En sourdine et *L'Extase* suffisent à prouver que la leçon de Verlaine se confond avec celle de la nature. N'est-il pas remarquable que les seules lettres vraiment satisfaites, écrites à Rome par Debussy, se rapportent à un séjour au bord de la mer, à Fiumicnio ? « Je ne « devais y rester que huit jours, mais cela m'a telle- « ment plu que je ne suis revenu qu'avant-hier... J'ai « travaillé presque bien, je me suis promené. » De telles promenades devaient faire éclore *Printemps*, suite symphonique pour orchestre et chœurs que l'Institut refusa, pour la tonalité prohibée de fa dièze majeur, pour ce chœur de femmes qui osait faire partie inté- grante de l'orchestre : seule, la nature a pu lui dicter certaine phrase tendre et grave, qui semble une parente mineure du chant de *Sirènes*. Même inspiration, mais plus nerveuse, dans la Danse pour piano ; encore un peu scolaire en sa coupe, mais lumineuse pour son coloris, d'allure trépidante et voluptueuse tour à tour, mais constamment jeune et vibrante, elle fait songer aux vers païens d'Henri de Régnier :

C'était l'aube d'un jour de clartés et de rondes...

Elle fait songer surtout à *L'Après-midi d'un faune*, qui

devait connaître, en 1894, sa première audition. Rien,
par la suite, ni *Le Sacre du Printemps* de Stravinski,
ni les *Évocations* d'Albert Roussel, ni les *Rondes du
Printemps* de Debussy lui-même, n'a pu faire pâlir l'admirable poëme sonore, triomphe de la nature voluptueuse. Pour la première fois, Debussy se réalise en
pleine lumière. Il s'inspire, très librement, du poëme
parfois hermétique de Mallarmé, n'en gardant que
l'idée-maîtresse :

> *Aimai-je un rêve ?*
> *... Bien seul je m'offrais*
> *Pour triomphe la faute idéale des roses.*

Il traduit ce faune avant tout songeur et poëte,
ignorant s'il va posséder les nymphes, ou s'il n'aime
qu'une vision de son esprit, heureux de regarder le
soleil au travers de la grappe vide, heureux de parler
aux choses avec sa flûte champêtre, même si l'harmonie qui semble l'unir à la nature n'existe qu'en lui.
Fougue et recueillement ; ivresse dionysiaque, mais
noyée dans l'évocation de la nature estivale ; voix de
la flûte de Pan, bruissement de la clairière ensoleillée,
fête païenne, ardente, rauque même ; — mais le tout
n'est que l'expression d'un rêve poético-musical, inséparable de la vision naturiste, au point que nul ne
saurait dire où se termine l'impression réelle, où com-

mence le songe. Le faune de Mallarmé décrit son doute, « amas de nuit ancienne », qui « s'achève — en maint rameau subtil... *demeuré les vrais bois mêmes* » : il définit en même temps l'interprétation debussyste. La forêt païenne et le songe du musicien s'y voient à tout jamais conjugués.

Or, à ce même moment, Debussy termine son unique *Quatuor*, où s'accordent, comme chez Verlaine,

cette fantaisie et cette raison

qui sont, elles aussi, inséparables. Raison ? La voilà symbolisée par l'adoption d'un thème cyclique, qui parcourt, sans l'écraser, le quatuor entier : proche parent du cantus firmus qui fit l'unité de tant de messes médiévales. Fantaisie ? Ce thème subit de telles modifications qu'on le reconnaît à peine, d'un temps à l'autre. Il engendre, au second temps, une sorte d' « andaluza » furtive : il fait naître, à l'instant d'après, l'andante infiniment mélancolique. Et c'est pour être noyé, souvent, dans une harmonie frémissante comme « l'eau qui vire ».

On la jugea révolutionnaire. Mais l'essentiel était ailleurs. Qu'il évoquât la vierge préraphaélite, la nuit baudelairienne, le parc de Verlaine ou le faune de Mallarmé, qu'il donnât libre cours à son inspiration

dans un quatuor à cordes, Debussy se montrait capable
d'offrir, mieux que tout autre, la clef des songes. Son
rêve transporte dans un paradis sonore à peine exploré
jusqu'à lui la brise printanière de *Green* ou la bruine
du spleen verlainien. Bien avant que d'Annunzio
l'ait proclamé, *Magister Claudius somnium dat*. Et ce
grand magicien du rêve en rencontre un autre, quand
il s'arrête, en 1892, un soir d'été, chez Flammarion,
pour acheter *Pelléas et Mélisande*, de Maeterlinck, qui
vient de paraître.

III

GENÈSE ET RÉVÉLATION

« Quel poëte pourra vous fournir un « poëme » ?

« — Celui qui, disant les choses à demi, me permettra de greffer mon rêve sur le sien ; qui concevra
des personnages dont l'histoire et la demeure ne seront
d'aucun temps, d'aucun lieu ; qui ne m'imposera pas,
despotiquement, « la scène à faire », et me laissera libre,
ici ou là, d'avoir plus d'art que lui et de parachever
son ouvrage. Mais qu'il n'ait crainte ! Je ne suivrai
pas les errements du théâtre lyrique, où la musique
prédomine insolemment ; où la poésie est reléguée et
passe au second plan, étouffée par l'habillage musical,
trop lourd. Au théâtre de musique, on chante *trop*.
Il faudrait *chanter* quand cela en vaut la peine et
réserver les accents pathétiques. Il doit y avoir des
différences dans l'énergie de l'expression. Il est néces-

saire par endroits de peindre en camaïeu et de se contenter d'une grisaille... Rien ne doit ralentir la marche du drame : tout développement musical que les mots n'appellent pas est une faute. Sans compter qu'un développement musical tant soit peu prolongé est incapable de s'assortir à la mobilité des mots... »

« Je rêve de poëmes qui ne me condamnent pas à perpétrer des actes longs, pesants ; qui me fournissent des scènes mobiles, diverses par les lieux et le caractère ; où les personnages ne discutent pas, mais subissent la vie et le sort. »

Qui parle ainsi ? Claude Debussy, au cours de sa conversation avec son maître Guiraud, qu'il effarouche et captive tout à la fois. Il faut remercier Maurice Emmanuel de l'avoir retenue et relatée, car elle est indispensable à l'intelligence de *Pelléas*. L'intérêt qu'elle provoque ira jusqu'à la surprise, si l'on songe à sa date : octobre 1889. Il est déjà remarquable que le musicien, n'ayant jusqu'alors allié le chant à la parole que dans *L'Enfant prodigue*, *La Damoiselle élue* et les *Ariettes oubliées*, définisse par avance, avec une telle précision dans la généralité, la musique de théâtre qu'il veut faire et qu'il fera. Wagner n'a jamais manifesté une telle prescience de soi-même, et s'est toujours défendu d'avoir un système préétabli : Debussy, par cette profession de foi — c'en est une, au fond — témoigne au moins d'idées directrices très fermes. Mais l'étonnant, en l'espèce, tient à cette connaissance divinatoire qu'il accuse du drame de Maeterlinck. Impossible d'en trouver meilleur commentaire que cette définition anticipée.

A qui le contemple avec quelque recul, le théâtre de Maeterlinck apparaît plus complexe qu'il ne fut jugé par les ennemis de la première heure, qu'il n'est jugé par les blasés d'aujourd'hui. Il n'est pas vrai que les personnages y soient interchangeables ; il n'est pas vrai que la donnée de toutes les pièces soit identiquement la même. Le thème dominant n'est pas celui de la fatalité souveraine ; ce serait plutôt l'idée que nos courantes notions de justice reposent sur une relativité arbitraire. « C'est juste et très injuste, comme tout ce que l'on fait... Et la vie a raison », dit Marco lorsqu'il comprend le mensonge de Monna Vanna. « C'est terrible, mais ce n'est pas votre faute », murmure Arkel à Golaud prostré. « Il a cru faire le bien, et il a fait le mal sans le savoir », gémit Astolaine devant l'homicide folie d'Ablamore. Et, plus « essentiellement », Merlin dans *Joyzelle* : « Ne faisons pas de lois avec quelques débris ramassés dans la nuit qui entoure nos pensées. » Telle est la clef du théâtre de Maeterlinck, et l'une des bases de sa morale aussi ; elle explique l'idée qu'il faut dépasser la notion de la simple justice, comme le veut *l'inquiétude de notre morale* ; elle postule la notion de fatalité qui pèse sur plusieurs de ses drames.

Le caractère le plus apparent de *Pelléas*, en effet, s'attache à cette atmosphère d'inévitable, qui plane sur la fragilité de Mélisande, sur la colère bestiale de Golaud, sur l'innocence enfantine d'Yniold. Ne l'assimilons pas à l'ἀνάγκη d'Eschyle, à cette fatalité visible, justicière, qui courbe sous sa loi inexorable la mère adultère et le fils meurtrier. Ne l'identifions pas, malgré quelques apparences, au destin, mécanique comme une horloge, qui préside à la « Schicksaltragödie » des romantiques allemands, pour frapper ses victimes le 24 février, par exemple, ou même le 29. Le « grand secret » qui régit *Pelléas* ne se matérialise pas ; il n'opère point cette formidable poussée collective qui se manifeste dans *Intérieur*. Il enveloppe chacun des personnages d'une brume impérieuse, mais insaisissable au point qu'elle n'est pas perçue de ceux qu'elle nimbe. Mélisande est l'antithèse de Joyzelle, d'Ariane, de Monna Vanna surtout, celle qui veut « sa part intacte ». Elle ne sait même pas qu'elle est le jouet d'un destin mystérieux. Sans la connaître, Golaud l'épouse ; sans qu'elle s'en doute, elle aimera Pelléas et Pelléas l'aimera ; comme hors de lui, Golaud tuera Pelléas et causera, malgré lui, la mort de Mélisande : elle s'en ira sans comprendre qu'elle meurt, elle pardonnera sans savoir ce qu'il faut pardonner, elle dira son amour sans répondre vraiment à Golaud, que dévore le doute et qui, lui non plus, ne saura jamais... Trois témoins : la reine Geneviève, simple apparition ; le petit prince Yniold, qui attise — inconsciemment lui aussi — la jalousie de Golaud ; Arkel, le vieux roi d'Allemonde, secrètement persuadé qu' « il n'arrive pas d'événements inutiles » et convaincu, par là, que toute lutte serait vaine... Tout s'évade ici dans l'indéfinissable, y compris la mort elle-même. Elle ne fait pas, à proprement parler, figure d' « Intruse ». Elle ne s'apparente pas à la monstrueuse ogresse qui strangule Tintagiles derrière une porte de fer. Elle émeut à peine ceux qu'elle menace. Elle rôde autour d'Arkel, elle se laisse deviner à Pelléas comme à son ami Marcellus, mais sans cris. Elle est, pour Mélisande, l'inconnu flottant vers lequel « l'âme humaine aime à s'en aller seule ». Elle se met à l'unisson des âmes silencieuses.

Il en fallait moins pour comprendre pourquoi Debussy devait s'attacher à ce poëme. Le musicien nourri de symbolisme n'allait pas s'arrêter à tout ce que dénonça la critique d'alors. Celle-ci ne se contentait pas des réserves courageuses que Maeterlinck avait lui-même formulées, rédigeant son avant-propos,

quand il confessait les « naïvetés dangereuses », et
« ces répétitions étonnées qui donnent aux personnages
l'apparence de somnambules un peu sourds, constamment arrachés à une songerie douloureuse ». Il ne lui
suffisait même pas de dénoncer l'abus des correspondances mystérieuses, et de s'interroger sur la significa-
cation psychologique des vieux pauvres endormis
devant la grotte : elle voulait absolument que toutes
les situations dramatiques fussent du déjà vu, que la
chanson de Mélisande eût son origine dans *Titania*,
que la scène de la jalousie fût inspirée d'*Othello*. De
telles arguties ne pouvaient compter aux yeux de
Debussy, qui trouvait enfin la réalisation longtemps
souhaitée. Un cadre admirable, « inconditionné », lui
permettant d'évoquer, sans localisation ni dans le
temps ni dans l'espace, la mer au crépuscule, le palais
et les jardins pleins d'ombre, la fontaine des aveugles
et la grotte sans fond ; pas d'actes compacts, mais de
courtes scènes propres à l'enveloppement musical ; pas
de dialogues lourdement échafaudés, mais des paroles
amorties, voix lointaines qui semblent avoir « le son
des échos qui se meurent » et suggèrent l'inexprimé ;
pas de surhommes, mais des jouets d'un mystérieux
destin : voilà ce qu'il appelait devant son maître Guiraud, voilà ce qu'il demandait, aux temps même de la
villa Médicis, lorsqu'il écrivait à M. Vasnier : « J'ai-

merai toujours mieux une chose où, en quelque sorte, l'action sera sacrifiée à l'expression longuement poursuivie des sentiments de l'âme. Il me semble que là, la musique peut se faire plus humaine, plus vécue, que l'on peut creuser et raffiner les moyens d'expression. » Aussi ne pouvait-il passer indifférent devant la beauté de ce conte d'amour, dont l'apothéose s'égale aux grandes scènes shakespeariennes, devant la puissance de cette progression dramatique, qui devient, sans artifice, intense avec le troisième acte, devant la profondeur humaine, où chacun des personnages incarne des sentiments éternels.

Il se peut qu'il ait vu *Pelléas* sur la scène des Bouffes-Parisiens, où le firent représenter Camille Mauclair et Lugné-Poé. Il est également possible que l'article retentissant du *Journal*, où Mirbeau révélait au grand public *La Princesse Maleine*, ait attiré son attention vers Maeterlinck auteur dramatique. Le certain, c'est qu'au lendemain du jour où il a acheté *Pelléas*, il va voir Pierre Louÿs, pour lui annoncer son projet de la mettre en musique. Un peu surpris, Louÿs lit à son tour, fait des réserves. Debussy persiste, entraîne Pierre Louÿs à Gand où résidait alors Maeterlinck. Ils se rencontrent dans cette campagne d'Oostacker, où l'auteur de *Serres chaudes* passe l'été, parmi les roses et les ruches bourdonnantes. Ils causent : le projet devient définitif. Debussy se voit autorisé à faire représenter l'ouvrage sur la scène qui lui conviendrait : Maeterlinck admet d'avance toutes les libertés nécessaires, toute suppression favorable à la musique. Debussy n'usera qu'avec modération de ce blanc-seing. On le voit alléger quelques scènes, et glisser, par exemple, sur ce passage de la lettre de Golaud qui fait allusion aux projets politiques d'Arkel : on dirait qu'il élimine à dessein ce qui pourrait confiner à la réalité trop précise. Il élude ce qui paraîtrait contraire à l'harmonie musicale ; dans le texte primitif, Pelléas, inondé par les cheveux de Mélisande, s'écriait : « Ils m'aiment mille fois mieux que toi ! » — dans le texte chanté, Pelléas dit : « Ils m'aiment plus que toi », plus simplement, sans hyperbole. Il idéalise les avertissements que donne Golaud à Pelléas, puisque ces mots disparaissent : « Elle est peut-être enceinte... ; elle est très délicate, à peine femme. » Il passe sur la scène iv de l'acte II, dans laquelle, une seconde fois, le vieil Arkel détournait Pelléas de son voyage projeté, car c'était répéter la fin d'une scène précédente, sans véritable objet. Il ne veut garder ni le lever de rideau, qui montre les servantes symboliques essayant vainement de nettoyer le seuil, ni le début du V° acte, où les mêmes servantes attendent le prochain passage de la mort. Il croirait sacrifier au pittoresque extérieur

en les faisant chanter ; leur agenouillement silencieux
devant le lit funèbre suffit, et le mystère des deux
préludes orchestraux va dépasser la portée de toutes
leurs paroles. Il va même jusqu'à supprimer la chanson primitive de Mélisande, si lointaine pourtant :

> *Les trois sœurs aveugles*
> *— Espérons encore —*
> *Les trois sœurs aveugles*
> *Ont leurs lampes d'or*

pour y substituer la vision des longs cheveux qui
« descendent jusqu'au seuil de la tour », et qui, tout
à l'heure, envoûteront à jamais Pelléas extasié. Il
s'avance, de la sorte, un peu plus avant dans le rêve,
en même temps qu'il resserre l'action dramatique.
L'un des secrets de *Pelléas* n'est-il pas là ?

Tout ceci ne peut résulter que d'une lente incuba-
tion, — lente et non systématique. Il est bien vrai
que la gestation de *Pelléas* occupe dix années de sa
vie. Elle lui permet d'oublier un peu les tâches maté-
rielles auxquelles il doit s'astreindre pour vivre :
transcriptions, pour deux pianos à quatre mains, de
divers ouvrages de Saint-Saëns, *Rondo capriccioso*,
Deuxième symphonie en la majeur, cet opéra d'*Étienne
Marcel*, « ancien conseiller municipal », auquel il
reproche d' « embourgeoiser la musique à l'histoire ».

Il abandonne avec décision la *Chimène* de Catulle
Mendès, qui lui avait imposé — comme à Chabrier
jadis — un de ses multiples livrets. Il n'avait de sympathie ni pour cette Chimène « ayant accommodé
exprès aux habitudes du boulevard ses mœurs du
Romancero », ni pour sa propre musique qu'il jugeait clinquante et peu conforme à sa vraie nature.
« Ma vie, écrivait-il alors, est tristement fiévreuse à
cause de cet opéra où tout est contre moi. J'ai hâte de
vous faire entendre les deux premiers actes achevés,
car j'ai peur d'avoir remporté des victoires sur moi-
même. » Le dénouement n'était pas loin. Mendès survient un jour, pressant : « Enfin, ce dernier acte ? —
Voici les deux premiers, répond Debussy en les déchi-
rant. Ce n'est pas mon affaire. » On dira qu'apparemment *Pelléas* n'absorbe pas toute son activité musicale, et que les *Nocturnes*, les *Chansons de Bilitis*, le
Prélude, Sarabande et Toccata sont là pour en témoi-
gner. Mais ces diversions — si diversions il y a —
seraient le reflet de sa nature même, qui se refuse à
la musique fabriquée, c'est-à-dire à la tension d'un
effort continu. Et puis, va-t-on nier que cela prépare
Pelléas, quoi qu'il en semble ? Voici les *Chansons de
Bilitis* : en quelques notes, Debussy crée une atmosphère, traduit un geste, exprime un sentiment. Un
trait de flûte, rapide, puis rêveur, et c'est l'idylle

alexandrine, avec la chanson des grenouilles vertes, dans le soir qui tombe. Une sourde mélopée de six notes, encadrée d'accords de seconde, suffit à préparer le déploiement du rêve voluptueux. Une neuvième surgit, ironique et lumineuse, avec le reflet du soleil à travers la glace. Jamais, avec si peu de chose, n'a palpité la nature et vibré la passion sensuelle : au théâtre il n'agira pas autrement. La première chanson prépare la fontaine des aveugles ; la volupté diony-siaque amassée dans la chevelure n'émeut pas moins que la passion jalouse qui montera, tout à l'heure, au cœur de Golaud. — Les *Nocturnes*, d'autre part, n'ont pas seulement démontré que Debussy possède un orchestre unique, d'une couleur sans précédent, apte à la lourde grisaille des *Nuages* comme au mirage étincelant des *Fêtes* et à l'apothéose lumineuse de *Sirènes*. La musique dépasse le champ des simples impressions visuelles et auditives. L'auditeur réceptif y découvre le songe du poète-musicien, replacé dans les cadres qui le suscitèrent : rêves gris et mélanco-liques, rêves joyeux et endimanchés, rêves de lumière et d'extase. Et cet auditeur est celui des concerts Che-villard, qui siffle ou qui ovationne. C'est la première fois que Debussy, par les *Nocturnes*, parle au grand public, le 9 décembre 1900, et que les mélomanes debussystes peuvent se connaître et se compter. Les voici mûrs pour la bataille, prochaine.

Pendant ce temps, *Pelléas* s'élabore : gestation qu'on voudrait suivre pas à pas, non seulement pour le plaisir d'accumuler les détails exacts, mais pour atteindre au mécanisme même de la création. Il y faut renoncer, tant Debussy fut toujours, par rapport à lui-même, le grand silencieux, répugnant à l'interview personnel, à l'exhibition prétentieuse de sa personne et de son œuvre. Mieux vaut se contenter de l'évocation sommaire, puisqu'il n'a pas voulu qu'il en fût autrement. Il s'est contenté de quelques révélations générales, éclairant l'œuvre entière et ne s'attachant pas à tel ou tel point d'histoire. « J'essaie, dira-t-il un jour, d'oublier ma musique, parce qu'elle me gêne pour entendre celle que je ne connais pas ou que je connaîtrai demain » : cela en dit plus long que n'importe quel journal. Il guetta pendant des nuits l'accord nécessaire et l'harmonie voulue ; il sacrifia des scènes entièrement écrites ; le premier état de la grande scène d'amour est bien différent de la version définitive ; l'orchestration n'a cessé de varier non seulement jusqu'à la première, mais pendant toute sa vie : d'où les états d'âme pénibles, douloureux même, que reflètent ces deux lettres à Ernest Chausson : « J'ai en ce moment (janvier 1894) l'âme gris de fer et de tristes chauves-souris tournent au clocher de mes rêves ! Je n'ai plus d'espoir qu'en *Pelléas et Mélisande* et Dieu sait si cet espoir n'est pas que de la fumée ! » Au même, après une longue absence, ou un long silence : « C'est la faute à Mélisande ! et pardonnez-nous à tous les deux. J'ai passé des journées à la poursuite de ce « rien » dont elle est faite (Mélisande) et je manquais parfois de courage pour vous raconter tout cela, ce sont d'ailleurs des luttes que vous connaissez, mais je ne sais pas si vous vous êtes couché comme moi, avec une vague envie de pleurer, un peu comme si on n'avait pas pu voir dans la journée quelqu'un de très aimé. Maintenant, c'est Arkel qui me tourmente ; celui-là, il est d'outre-tombe, et il a cette tendresse désintéressée et prophétique de ceux qui vont bientôt disparaître, et il faut dire tout cela avec do, ré, mi, fa, sol, la, si, do ! ! ! Quel métier ! »

De tels textes se passent de commentaires. Mais il en est d'autres, aussi suggestifs que différents. Ainsi la déclaration qu'il fera plus tard à Émile Vuillermoz : « On cherche des idées *en soi*, alors qu'il faudrait les trouver *autour de soi*... On fait de la métaphysique, on ne fait pas de la musique, celle-ci doit être enregistrée spontanément par l'oreille de l'auditeur, sans qu'il ait besoin de découvrir des idées abstraites dans les méandres d'un développement compliqué ! » Il précisera encore, devant Henry Malherbe, quelques semaines avant la première du *Martyre* : « Qui connaîtra le

secret de la composition musicale ? Le bruit de la mer,
la courbe d'un horizon, le vent dans les feuilles, le
cri d'un oiseau déposent en nous de multiples impressions. Et tout à coup, sans que l'on y consente le
moins du monde, l'un de ces souvenirs se répand hors
de nous et s'exprime en un langage musical. Il porte
en lui-même son harmonie... C'est pourquoi je veux
écrire mon songe musical avec le plus complet déta-
chement de moi-même. Je veux chanter mon paysage
intérieur avec la candeur naïve de l'enfance. » Cette
confidence donne tout son prix à la parfaite définition de Suarès : « Debussy n'a pas son second pour
évoquer les sentiments dans une forme » ; elle devrait,
d'autre part, anéantir à tout jamais la légende de l'impressionnisme debussyste. Elle explique en tout cas
la genèse de *Pelléas*, à la fois laborieuse et très libre :
libre, car il guette l'inspiration sans la violenter, il
écrit sans se préoccuper de l'ordre des scènes, il laisse,
comme il l'a dit, chanter en lui les personnages ;
laborieuse, car il lui faut l'inspiration parfaite entre
plusieurs. Robert Godet l'exprime avec force, lui témoin
de tout ce travail : « Il aurait continué à rêver mille
aspects d'une fontaine, d'une grotte, d'un clair de
lune ou d'une âme humaine, jusqu'à ce qu'il eût
découvert le plus révélateur, car il n'en voulait fixer
qu'un, mais décisif. » Il faut donc parler, avec Louis

Laloy, de « *lente* condensation de rêves », de « captation du mystère », de « *longue* et merveilleuse exploration aux ténèbres de la conscience ». On comprend aussi qu'il ait pu, de très bonne heure, esquisser la phrase dernière de Pelléas : « On dirait que ta voix a passé sur la mer », atteindre au rythme rude et saccadé de Golaud, fixer, par un thème de cinq notes, le profil immatériel de Mélisande ; on comprend aussi qu'il ait pu déclarer, dès 1895 : « *Pelléas* est fini », pour le recommencer le lendemain. Mais il faut comprendre surtout que chaque inspiration nouvelle prolongeait un peu plus le drame en le condensant. S'il y a, comme on l'a dit ingénieusement, superposé au drame littéraire, « un drame musical dont les mouvements sont analogues, mais indépendants », c'est que la prose de Maeterlinck, presque inorganique, gardait quelque chose de fugitif, tandis que la musique de Debussy développait à l'infini sa substance un peu grêle et dispersée. La légende fantomatique devenait un grand poëme.

C'est alors qu'il commence à la faire connaître, devant de rares amis. On a dit l'émoi que produit toujours, chez l'auditeur, l'œuvre de génie qu'on a terminée la nuit précédente ; les élèves de Franck n'ont jamais oublié la joie du « pater seraphicus » — et la leur — quand il les accueillait au cri de : « Je l'ai trouvée ! » pour leur jouer la phrase méditative, en si majeur, du Quatuor à cordes. De même, le souvenir reste vivace et vibrant, chez ceux qui connurent par l'auteur lui-même *Pelléas* inachevé. D'une voix profonde et lourde d'expression, il chantait son rêve devenu réalité sonore. Il ne semblait pas très hostile à cette prise de contact, car un billet, reproduit par Robert Godet, le montre préoccupé d'organiser l'une de ces « auditions » (combien le terme est impropre...) : « Pour *Pelléas*, un jour de la semaine prochaine pourrait bien voir fleurir son exécution chez vous? » Et c'est avec une émotion délicate que Raymond Bonheur évoque ces après-midi au cours desquelles Claude Debussy, dans son appartement de la rue Gustave-Doré, interrompant sa causerie, révélait la dernière page écrite. Sans ordre — ainsi qu'il avait travaillé — une scène apparaissait, puis une autre, et *Pelléas* se révélait, peu à peu, dans l'indicible splendeur de l'œuvre encore vierge.

Or à l'une de ces auditions assistait « le dernier des compositeurs galants », le plus intuitif des chefs d'orchestre. André Messager a profité de ces concerts du Vaudeville pour faire connaître au grand public *La Damoiselle élue* ; il va devenir directeur de la musique à l'Opéra-Comique, directeur du Covent-Garden à Londres, et s'en servira pour révéler *Pelléas*. Car il est enthousiasmé, lui aussi. La voix trouble et prenante de l'auteur, sa pianistique aux sonorités inimitables et si puissante par l'expression, ont agi comme un philtre sur l'ami de Saint-Saëns et de Gabriel Fauré. Il a modestement gardé le silence sur ses propres impressions, dans l'article qu'il vient de consacrer aux premières de *Pelléas* : on devine pourtant ce qu'elles durent être, d'après la merveilleuse intelligence qu'il sut prendre et donner de l'ouvrage. Et tout de suite, il y travailla, généreusement, en priant le directeur de l'Opéra-Comique de prendre contact avec la partition, toute nouvelle-née. Après *Fervaal* et *Louise*, avant *Ariane* et *Bérénice*, Albert Carré se montrait décidé à ne laisser dans l'ombre aucun chef-d'œuvre véritable. Il vient chez Debussy, pour être aussitôt catégorique : « L'œuvre n'était pas terminée, dit-il. J'en écoutai des fragments et, si je ne compris pas tout, je fus frappé de la nouveauté, de l'originalité de ce langage cher à Debussy, et que, depuis vingt ans, d'autres s'essayent en vain à imiter. Je reçus l'ouvrage, séance tenante, et pressai le musicien de l'achever. »

Dès lors commence le branle-bas de combat. Prélude : l'audition chez Messager, devant les futurs interprètes, Mary Garden, Gerville-Réache, Jean Périer, Dufranne et Vieuille. Ils ne figuraient pas encore,

heureusement, parmi les gloires traditionnelles et
n'avaient guère eu place aux créations retentissantes.
A la première de *Pelléas*, Mary Garden sera cette jeune
choriste écossaise qui aura remplacé un jour, au pied
levé, après le second acte, la titulaire de *Louise*, subitement souffrante. Madame Gerville-Réache aura figuré
dans *Louise*, aux côtés de Vieuille, et dans *Le Juif polo-
nais* ; Dufranne aura fait partie de la création de *Gri-
selidis*, et Jean Périer, le futur Pelléas, n'aura, jusqu'alors, contribué qu'à celle de *La Fille de Tabarin* et
d'une piécette insignifiante de Pfeiffer. Cela vaut
mieux ainsi. Ce sont des jeunes, encore dépourvus de
préjugés scéniques, plus volontiers que d'autres sym-
pathiques à l'œuvre nouvelle. Celle-ci les conquiert à
leur tour, et aussi tout ce que Debussy sait en exprimer.
L'on peut croire Messager, quand il écrit que « l'impression produite par cette musique ce soir-là fut
unique ». La preuve s'en trouve dans l'effort admirable qu'accomplit alors chacun d'eux. L'interprète ne
s'adapte pas seulement à la musique, exigeante s'il en
fût — ni plus ni moins que l'auteur — : il se pénètre
longuement de son esprit. Bien avant l'heure de la
mise en scène, Mary Garden est devenue « l'héroïne
aux tresses inconscientes ». Mais ici commencent les
épreuves.

Pour qui, ce *Pelléas* ? Pour quel public ? J'imagine

facilement les discussions dans le cabinet directorial. Albert Carré songerait à le soustraire aux auditeurs habituels ; pourquoi pas des représentations hors série, où se retrouveraient les auditeurs des concerts, où les admirateurs des *Nocturnes* feraient école ? Tel est aussi l'avis de nombreux debussystes, qui pensent au huis-clos, à l'exiguïté prudente d'une toute petite scène. Mais André Messager soutient l'avis contraire, et l'emporte : il faut affronter franchement la rampe, et ne pas souligner, par une stratégie maladroite en fait, l'apparence exceptionnelle de *Pelléas*. C'est donc le grand orchestre, la grande mise en scène, et difficultés de pleuvoir...

Si seulement *Pelléas* était fini... Mais il faut l'orchestrer, à grande vitesse. On pensera bien que Debussy a tout conçu, déjà : mais il faut réaliser, dans l'appartement de la rue Washington ; à l'étage inférieur, une cantatrice multiplie ses vocalises, tandis qu'au-dessus roulent les gammes d'un pianiste tenace. Et Messager, tenace lui aussi, réclame vigoureusement le texte orchestré, menaçant de tout abandonner si l'acte suivant n'arrive pas à l'heure dite. Travail de forçat, qui se termine en quatre semaines... Reste à établir une copie nette. Debussy s'adresse au pianiste de l'étage supérieur, sans doute pour lui faire gagner quelque argent, peut-être aussi pour s'épargner quelques heures

de tierces. Le copiste est consciencieux, mais plein
d'inexpérience ; il écrit fort soigneusement des erreurs,
confond dièzes et bémols, au point que Debussy lui-
même ne s'y reconnaît plus ; il juge inutile d'indiquer,
avec les pauses de chaque instrument, les changements
à la clef, les changements de mesure. Résultat : des
premières lectures exaspérantes ; impossible de rien
saisir de l'ensemble ; arrêts : « Est-ce un dièze par
ici ? » Grattages... Debussy reste stoïque, quitte à se
réfugier, à bout de nerfs, dans le bureau d'Albert
Carré ; mais une fois rentré chez lui, c'est pour inviter les amis dévoués à « gratter » de compagnie. Style
de ses billets d'alors : « Pouvez-vous me rendre grand
service en venant demain vers midi et l'après-midi ?
Merci affectueux... » Enfin ! le cap est doublé. J'entends que les parties sont devenues correctes, que les
dissonances se fondent, que les musiciens admirent.
Tel chef de pupitre qui décrétait, au début, l'œuvre
invraisemblable, reconnaît, à la vingt et unième répétition — pas une de moins — que les enthousiastes
avaient raison. Le trombone Potier traduit ainsi l'opinion des cuivres : « Nous n'avons pas grand'chose à
faire dans cette partition-là. Mais ce que nous avons à
dire est fameux ! » Serait-ce la fin des ennuis ?

Quand j'ai dépêché l'un, un autre recommence,

pourrait dire Debussy comme Du Bellay. Pour gagner du temps, Albert Carré a commandé les décors à deux grands spécialistes, Jusseaume et Ronsin. Catastrophe ! L'absurdité concrète que sont les coulisses de la salle Favart interdit toute machination rapide, alors que *Pelléas* exige treize changements de décor. Les machinistes jurent, se font entendre de l'orchestre, et Debussy doit se remettre au travail pour composer, entre deux répétitions, les interludes nécessaires : c'est miracle qu'ils ne trahissent jamais le funeste « raccord ». En a-t-il fini ? Voici la querelle Debussy-Maeterlinck, que l'on n'a pas ici la prétention de tirer au clair : l'essentiel est que le poëte ait publiquement renié l'œuvre, par lettre ouverte au *Figaro* : « Cette représentation aura lieu malgré moi... Dépouillé de tout contrôle sur mon œuvre, j'en suis réduit à souhaiter sa chute prompte et retentissante. » Charmante atmosphère pour la répétition générale du 27 avril 1902 ! A la porte et dans la salle même, un courageux anonyme fait vendre un texte imbécile et niais, où fourmillent les parenthèses, les points d'interrogation, les *hums* de mauvais augure ; d'où plainte contre inconnu... A l'issue de la représentation, le sous-secrétaire d'État aux Beaux-Arts fait demander la suppression de quinze mesures, car il n'est pas convenable, en vérité, que les habitués d'un subventionné subissent ce dialogue scandaleux :

Golaud. Et... et le lit ? Sont-ils près du lit ?

Yniold. Le lit, petit père ? — Je ne vois pas le lit.

Et pendant, c'est une bataille qui n'est même pas romantique. La critique (ou du moins la soi-disant telle) manque à ce point de tenue qu'Albert Carré va décider de ne plus inviter que les courriéristes musicaux, et personnellement. La dame du balcon qu'évoquent les souvenirs de Messager garde un silence lourd d'orage pendant le premier acte ; mais voici la chambre de Golaud et l'inconscient aveu de Mélisande (« Je ne suis pas heureuse ») qui la met en joie. « Le lit », bien entendu, la révolte ; les « petit père » la plongent dans une douce allégresse ; c'est le fou rire quand Mélisande, après le meurtre, s'enfuit en sanglotant. Aux entr'actes elle se dirige vers le foyer, pour y rencontrer le vieil habitué des fauteuils qui se lamente : « C'est la fin de tout... Où allons-nous ? » Hélas ! la même grosse dame ou sa pareille, qui figure à coup sûr dans la galerie des snobs musicaux de Marcel Proust, vient d'assister aux représentations triomphales de 1926, au retour de Mary Garden, et s'est pâmée ; toutes les capes d'hermine du balcon se vanteraient d'avoir applaudi dès la première, si ce n'était avouer leur âge. Il est vrai qu'elles ont sifflé, en 1926, *L'Enfant et les Sortilèges* ; elles l'ovationneront dans dix ans.

La vraie première a lieu trois jours plus tard : accueil beaucoup moins tumultueux, mais ironique et soi-disant spirituel. La majeure partie du public s'en va convaincue qu'elle a passé quelques heures peu banales, et que d'autres n'auront pas la même joie. Paulus, qui assiste à la troisième, résume le sentiment général : il quitte la salle en se tordant de rire. Une partie de la presse fait chorus. A quoi bon citer les noms ? Celui-ci, wagnérien d'arrière-garde, se croit obligé de voir dans *Pelléas* « un traité de neurasthénie et d'impuissance ». Cet autre parle de « hachis musical et de kaléidoscope sonore ». Le roi des périodiques, *L'Illustration*, lui consacre dix lignes à la fin de sa dernière page ; le reporter reconnaît d'ailleurs qu'il n'a pas très bien entendu, et que le musicien « porte, pour le moment, la peine de ses audaces d'inventeur ». Mais, du haut de la *Revue des Deux Mondes*, M. Camille Bellaigue juge le drame mystérieux et mystifiant ; il ne voit dans la musique ni mélodie, ni rythme, ni leit-motiv, ni charme, et conclut sur cet anathème : « Tout se perd et rien ne se crée dans la musique de M. Debussy. Elle contient des germes non pas de vie et de progrès, mais de décadence et de mort. » Ainsi parlait déjà le Paris du Second Empire devant le *Tannhäuser*, et ce docte critique de 1878 qui dénichait « des convulsions d'orchestre » dans *Le Roi de Lahore*...

Il n'en peut être autrement devant ce qui paraît inhabituel, tant soit peu.

Mais en même temps, déjà, pointe la lumière, et les flèches barbelées n'ont pas eu de conséquences graves, car un fait inaccoutumé s'est produit. Dans la presse quotidienne elle-même, la chronique solide et louangeuse du vrai musicien s'oppose, dès les premiers jours de mai, au « papier » volontairement froid et gris du reporter. Le critique du *Matin* revendique la liberté de se laisser charmer. Gaston Carraud, dans *La Liberté*, signale que l'harmonie, indécomposable à l'analyse, apparaît claire à l'audition ; C. de Sainte-Croix, dans *La Petite République*, s'attache à la fluidité des rythmes ; Pierre Lalo proclame la sincérité spontanée de cet art, et *Le Figaro* prévoit que *Pelléas* saura s'imposer. Et tout de suite, la revue vient en aide au journal. C'est là qu'il faut aller chercher les études les plus significatives, car beaucoup témoignent d'une émotion admirative qui a précédé l'adhésion de l'intellect. « Il faut admirer le plus souvent que l'on peut », dit la *Revue de Paris* sous la signature d'André Hallays, et Gustave Bret, dans *The weekly critical Review*, parle plus nettement encore ; « Cette musique vous pénètre par la force d'un art que j'admire plus que je ne le comprends. » Rien n'égale les définitions que Paul Dukas sait donner de la mélodie, de la rythmique et de l'harmonie de son ami ; mais l'essentiel est que, dans cet hommage collectif, les esthétiques les plus contraires s'accordent. Jean Marnold replace l'œuvre dans son époque, ce que fera plus tard Romain Rolland ; et au moment où Louis Laloy, l'analyste le plus subtil et le plus précis de tous, affirme que dans *Pelléas* vibre « un peu de la vieille âme de notre race », Vincent d'Indy reconnaît noblement que « Debussy reste complètement fidèle à notre tradition musicale française ». Belle unanimité dans la consécration : elle égale, sans la surpasser, celle qu'apporte à Claude Debussy le public anonyme de la quatrième galerie.

C'est du « poulailler » que sont partis, dès le 3o mai, les tout premiers applaudissements, timides encore. Et dès la troisième — dès qu'on les a laissés entrer — sont arrivés les premiers debussystes, les seuls vraiment sincères. Des jeunes, issus de partout, par amour de l'œuvre et pour défendre *Pelléas* menacé des mécréants. Élèves du Conservatoire et de la Schola fraternisent avec ceux de l'École des Beaux-Arts, avec les étudiants des Facultés, avec la jeunesse de nos lycées : union symbolique des musiciens et des peintres, des artistes et des intellectuels épris d'art. Peu de vrais professionnels, mais des auditeurs sans connaissances techniques, ayant la sensibilité de leur époque, ou de la sensibilité tout court, et admirant d'instinct ce qui

leur paraît neuf et vrai. Chez Colonne, ils applau-
dissent Berlioz, Wagner ou Franck et font la guerre
aux concertos ; ils se passionnent pour l'effort d'An-
toine, vibrent devant Ibsen et ne sont pas retournés à
Cyrano. Ils font la queue pour avoir des billets à prix
modique ; des gens brouillés avec le théâtre assistent,
fidèles, à toutes les représentations. Ils servent
d'apôtres aux néophytes, examinent avec méfiance
l'inconnu suspect, font peu à peu connaissance, et
s'inquiètent quand un protagoniste notoire manque à
l'appel.

Par eux, par la critique aussi, le public normal,
d'abord réfractaire, commence à reparaître. Les recettes
le prouvent éloquemment. Dès la quatrième, on a
dépassé 7.000 francs de recette, et la huitième, mati-
née en dehors de l'abonnement, a rapporté plus de
6.500. Les habitués des concerts sont venus ce jour-là.
Le triomphe aussi : le quatrième acte fut, une fois,
suivi de trois rappels.

C'est Debussy qui nous le révèle, par ses bribes de
correspondance aujourd'hui publiées. Malgré le succès
qui s'affirme, il reste nerveux : réaction, sans doute.
Il déclare même, un jour de lassitude, sa hâte de voir
les représentations se terminer. Il rend hommage aux
« bons génies » : l'éditeur Hartmann, mort prématu-
rément, — André Messager, dont la pénétration cons-

titue « quelque chose d'introuvable », — Albert Carré, créateur de « cette atmosphère de rêve sans laquelle *Pelléas et Mélisande* n'auraient pu vivre ». Il constate, avec une joie masquée d'ironie, que le succès grandit. « C'était hier la septième représentation de *Pelléas*... On a refusé du monde (expliquez ça comme vous pourrez). » Au fait, comment l'expliquer exactement ?

Il y a de tout, dans les enthousiasmes juvéniles. Je croirais volontiers que de jeunes lycéens viennent défendre la gracile Mélisande contre les sarcasmes des Philistins. — Je veux bien que beaucoup soient attirés par la splendeur des décors de Ronsin et de Jusseaume, car ce fut le plus beau spectacle offert aux Parisiens avant *Boris Godounov* et les Ballets russes. Les temps ont passé, ils paraissent aujourd'hui surchargés de détails et d'une crudité déconcertante : mais la lumière était tamisée, il y avait des éclairages à contre-jour, et l'on était si loin, déjà, du bric-à-brac de l'Opéra ! — Il est évident qu'on vient aussi pour les acteurs. Mais tous les convaincus éprouvent, plus ou moins nettement, l'impression qu'une ère nouvelle a commencé pour l'art dramatico-lyrique. Reste à chercher pourquoi.

IV

LA NOUVEAUTÉ DE PELLÉAS

A n'en point douter, ces fidèles avaient l'impression
de la découverte, en écoutant les thrènes inconscientes
de Mélisande. Il leur semblait que la musique n'avait
jamais su parler ainsi. Rarement musiciens par la
culture, venus d'instinct à l'œuvre nouvelle, et l'ai-
mant sans éprouver le besoin d'analyse et de dissection, ils l'accueillaient comme la « terra incognita »
des vieux conquistadors, et s'en allaient clamant que
la destinée musicale était, de par Debussy, changée.

Enthousiasme intuitif, qui s'accorde rarement au
rationalisme de l'âge mûr. Et le quinquagénaire mélomane, formé par les classiques et par Wagner, sou-
riait sans trop d'indulgence, lorsque le sorbonnard
de 1902 célébrait, d'autorité, les accords nouveaux,
soi-disant inventés. Ce fut bien autre chose quand

surgit, quelques mois plus tard, le snob debussyste, accoudé à sa science de fraîche date, étayant son ad- miration sur une érudition de façade, péniblement glanée dans quelque dictionnaire d'Hugo Riemann. Il fut le « pelléastre », tel que le caricatura l'incor- rigible Jean Lorrain, tel que le définit Romain Rol- land, — tel qu'il exaspéra Debussy :

« Ils ne parlaient plus que de sujet et de contre-su- jet, d'harmoniques et de sons résultants, d'enchaîne- ments de neuvièmes et de successions de tierces ma- jeures... Des gens aussi savants devaient naturellement en remontrer aux musiciens passés... Rien n'existait pour eux, à cette heure de musique, que Jean-Sébas- tien Bach ou Claude Debussy. Encore le premier, dont on avait beaucoup abusé dans ces dernières an- nées, commençait-il à paraître pédant, perruque, et pour tout dire, un peu coco. Les gens très distingués prônaient mystérieusement Rameau, ou Couperin, dit le Grand. »

Déplorables faux-amis : ils faisaient le plus grand tort à l'œuvre qu'ils avaient choisie comme tremplin de leur snobisme. Le debussysme fut le pire ennemi de l'art debussyste, car les affirmations péremptoires appelaient automatiquement les répliques ; le réfrac- taire, par simple agacement, constatait qu'il y a des tritons dans Schubert, des neuvièmes dans *Gwendo-*

line et du récitatif expressif chez Moussorgsky. La simple méchanceté n'explique pas, à elle seule, ce besoin qu'éprouvèrent certains, de découvrir des affinités entre *Pelléas* et *Boris Godounov* ; ce fut aussi la tendance, inévitable, à protester contre les snobs et les sots, qui louaient en Debussy le fabricant d'accords nouveaux, l'inventeur de sons inédits, l'agenceur de timbres inentendus.

L'invention, disait Racine, consiste à faire quelque chose de rien. L'invention, dans *Pelléas*, consiste — ce n'est pas un paradoxe — à ne rien laisser ignorer de ce qui fut réalisé déjà. Il ne serait pas impossible d'y retrouver toute la musique du passé, depuis l'écho des modes antiques et des cantilènes grégoriennes, jusqu'à l'influence, toujours amortie, de Massenet (duo du IV° acte), de *Siegfried Idyll* (scène de la terrasse), de la déclamation russe ; et Maurice Emmanuel peut signaler la trace des « marches d'harmonie » traditionnelles, ainsi qu'une réponse de fugue sous le premier récit d'Arkel. Mais tout cela passe au crible d'une personnalité à la fois frémissante et maîtresse d'elle-même. Tout ce que Debussy doit dire, il le dit « comme sien » ; il attire à lui, il adapte aux besoins du drame ce qu'il conserve aussi bien que ce qu'il crée : parole chantée, voix de l'orchestre, harmonie, rythme et timbre, il fait tout concourir à l'expression si particulière qu'exige le drame étouffé et mystérieux par excellence. La voici, la grande nouveauté de *Pelléas* : l'équilibre, l'adaptation parfaite à la fin poursuivie. Accord providentiel entre la sensation et l'intelligence de cette sensation : l'on éprouve, et l'on se sent éprouver...

L'union apparaît si intime, l'harmonie apparaît si peu séparable de la mélodie, tels accords sombres et lourds s'incorporent si profondément à la pensée de Golaud que l'analyse, au moment d'être abordée, prend une figure sacrilège. Analyser, c'est dissocier ce qui s'unit à l'audition, dans un fluide admirablement homogène ; c'est, comme disait Paul Dukas, regarder un vitrail du côté de l'ombre. N'y voyez qu'un état transitoire, un « passage », nécessaire à qui veut mieux aimer l'œuvre synthétique entre toutes.

Le musicien qui s'attelle au drame lyrique doit se poser, s'il crée vraiment, l'éternelle question, véritable quadrature du cercle, suivant la juste expression de J.-G. Prodhomme : comment réaliser la fusion totale de l'action, de la musique et de la poésie ? Quelle synthèse idéale fera concourir tous les moyens expressifs au maximum d'expression juste ? L'intervention de la musique élève, à elle seule, la donnée dramatique vers un plan superréel, qui n'est plus la vérité terre à terre, qui n'est pas non plus le royaume de l'arbitraire, et qui tend, pour tout dire, à l'établissement d'une continuité plus harmonieuse, plus profonde, plus humainement vraie que la sèche réalité, traversée de contingences, d'à-coups, de prosaïsme.

Éternel problème, déjà posé par la tragédie grecque et le mystère médiéval, plus impérieux dès l'heure où le génie florentin créa l'*opera per musica*. Double question : comment conserver la continuité nécessaire à l'action dramatique ? Comment unir musique et parole sans sacrifier l'une à l'autre ? On sent déjà cette préoccupation, constante, chez Monteverde ; elle se marque dans ses fluctuations mêmes, puisque l'harmonie l'emporte dans l'*Orfeo*, tandis que l'expression prévaut davantage dans *Le Couronnement de Poppée*. Survient Lulli, qui prétend résoudre le double cas, en stratège ; et je l'imagine assez bien promulguant l'arrêté suivant. :

ARTICLE PREMIER. — *Quand il n'est besoin de paroles, le musicien doit faire entendre la symphonie, pour que machines et chanteurs puissent occuper la scène.*

ARTICLE DEUXIÈME. — *Que s'il advient qu'un personnage doive exprimer, très clairement, un fait essentiel pour la conduite de l'action, il y aura récitatif, c'est-à-dire déclamation comparable à celle de Champmeslé, accompagnée par le clavecin et la basse, tout au plus.*

ARTICLE TROISIÈME. — *Quand l'expression des senti-ments devient plus passionnée, qu'il est moins utile d'en-tendre chaque parole particulière, le chanteur exécute un air mélodique, que tout l'orchestre accompagne.*

Le système a vécu deux cents ans. Rameau put venir, avec sa passion d'harmonie ; Gluck, épris de mouvement dramatique, put balayer tout le répertoire existant, sous prétexte de « restreindre la musique à son véritable office » et d'instaurer « le chant régulier et périodique » : ils n'ont point brisé les grands prin-cipes, et la révolution gluckiste s'opéra dans les cadres traditionnels.

On voit leur défaut : morcellement de l'impression auditive et, par suite, émotive. On sent trop, chez Lulli, chez Rameau, chez Glück lui-même, le départ entre le récitatif et la ligne mélodique, dont l'orchestre, subitement libéré, souligne trop nettement l'appari-tion. On constate une démarcation, plus nette encore, entre l'action psychologique et le spectacle proprement dit. C'est pourquoi Saint-Évremond peut définir l'opéra comme « un travail bizarre de musique et de poésie, où le poëte et le musicien, également gênés l'un par l'autre, se donnent bien de la peine à faire un méchant ouvrage » ; c'est aussi pourquoi Rousseau, mal dissi-mulé derrière Saint-Preux, dénonce âprement « l'au-guste appareil » de l'Opéra, son « faux goût de magnificence », et ce besoin d'y danser « à propos de tout ».

Il appartenait au xix° siècle finissant de réagir contre l'exagération des contrastes et des invraisemblances. Nulle part, la réaction n'est plus volontaire et plus tenace que chez Wagner, en qui « le tourment de l'unité » fut toujours à l'état violent : nul avant lui n'avait plus âprement poursuivi la synthèse, et cherché la traduction d'un « mythe entier dans sa gigantesque logique » : ainsi s'exprimait-il dès 1851. Est-ce à dire qu'il ait toujours gardé le parfait équilibre entre sa propre musique et son propre poëme ? Il lui fallait, en ce cas, renoncer au déploiement musical qui, de plus en plus, l'emporta ; il laissa déborder la musique au point que *Tristan* parut, à cet égard, « la revanche du musicien sur le poëte ». Et le système wagnérien postulait la déclamation tendue, qu'il estima seule vraie, qu'il accompagna d'un orchestre nécessairement puissant : aussi Debussy, rebelle, voudra-t-il « chercher *après* Wagner et non *d'après* Wagner ».

La réaction anticlassique n'existe pas, d'ailleurs, chez Wagner seul. Timidement, Gounod y travaille, puisqu'il sait parfois remplacer récitatif ou mélodie par une cantilène plus souple, adaptée au caractère du personnage comme au besoin de l'action : tel le quatrième acte de *Faust*, au nom duquel les rétrogrades l'accuseront de manquer d'idées mélodiques ; sempi-

ternel reproche... Et pourtant, les Russes vont beaucoup
plus loin dans la voie nouvelle : ainsi, l'étrange *Con-
vive de Pierre* de Dragomijrski, qui n'est ni mélodie
ni récitatif ; ainsi l'extraordinaire *Boris Godounov*,
que Moussorgsky conçut en vue de l'expression directe,
« à bout portant ». Œuvre aussi *vraie* que *Pelléas*, car
la mélodie s'y rapproche, sans sécheresse, des inflexions
du parler slave, car l'orchestre s'y borne à suggérer
l'atmosphère dramatique, sans jamais prétendre au
développement symphonique. Cette équivalente vérité
s'affirme dans les différences, énormes parce que
nécessaires. Il fallait cette union du réalisme et de la
vie mystique, cette alliance du folklore et de la litur-
gie, ces disparates, ces soubresauts, pour évoquer
l'immense âme russe, qui passe ici du messianisme à
la bestialité : il fallait, dans *Pelléas*, cette atmosphère
ouatée, cette musique enveloppée de brumes indécises,
cette continuité crépusculaire pour traduire au juste le
drame des âmes inconscientes autant que silencieuses.

L'auditeur éprouvait, émerveillé, la vertu du style
vocal, sans atteindre à une définition : de fait tous les
termes admis semblaient faux. Déclamation vocale ?
Il faut prohiber ce mot de « déclamation », sitôt
qu'il s'agit de Claude-Achille. Ligne mélodique ? Locu-
tion souvent impropre, car les personnages ne *chantent*

vraiment qu'à l'instant voulu. Récitatif ? Oui, si l'on
veut ; mais entendons bien qu'il ne faut assimiler
étroitement ce récitatif à rien de ce qui, dans le passé,
porta ce nom. Relisons l'excellente analyse de Maurice
Emmanuel. On n'entendait plus ce « Sprechsingen »
wagnérien, presque toujours hypertendu, modelé sur
les intonations de l'allemand, toujours pourvu de
l'accompagnement symphonique qui souvent le sub-
merge. Ce n'était point assimilable à la déclamation de
Gluck, dont Debussy devait écrire qu'elle fait « de la
langue française une langue d'accentuation, quand
elle est au contraire une langue nuancée ». Il était
moins éloigné du style de Rameau, qui prend volontiers une physionomie lyrique, et qui montre le souci
de s'adapter aux paroles prononcées comme au caractère de celui qui les prononce : il est autant de bonté
grave dans un récit d'Arkel qu'il y avait de majesté
royale dans une entrée de Jupiter. Mais là s'arrête la
comparaison possible, car Rameau se préoccupe avant
tout de dire *juste*, ce qui n'est plus, depuis le symbolisme, absolument synonyme de dire *vrai*. Rameau,
parfait représentant de l'esprit classique, se borne à
l'expression de l'idée visible et du sentiment apparent : Debussy, poëte-musicien de l'intuition, veut
suggérer, par son récitatif, l'état subconscient de celui
qui parle, et traduire, avec le minimum de moyens, ce

que la face extérieure des mots ne saurait exprimer.
Voilà pourquoi le récitatif debussyste différait de
celui des musiciens auquel Debussy devait rendre,
bientôt, le plus grand des hommages. Autant la déclamation de Rameau restait logique et conservait sa
charpente visible, autant le style vocal de Debussy,
tout en restant mesuré, parut ondoyant et souple, et
sembla le miroir de l'âme humaine, silencieuse et
changeante.

Il savait choisir toutes les modalités expressives, et
ne les employer qu'au seul instant où la situation
devait leur conférer le maximum de puissance. Il
savait se borner au murmure de la voix : c'est par un
chuchotement tendrement apeuré que Mélisande laissait entendre le redoutable aveu : « Je t'aime aussi »,
sur une même note, dans le silence absolu de l'orchestre. Même simplicité, douloureuse infiniment
cette fois, quand Golaud supplie la mourante d'avoir
pitié de lui ; même absence d'harmonisation, qui fit
songer aux versets psalmiques. C'est ici qu'il faut, de
fait, évoquer les cantilènes grégoriennes, les vocalises
des antiennes médiévales, les versets de l'antiphonaire,
et la lettre de Geneviève, ainsi construite, prouva ce
qu'une simple ligne de notes, à peine soutenue de
quelques accords espacés, pouvait suggérer d'émotions
cachées, d'inquiétudes secrètes, d'espoirs inavoués.

Étrange complexe de sentiments ; Geneviève prévoit le départ possible de Golaud, et tremble pourtant à la pensée de le voir revenir ; secrètement épeurée devant l'inconnu, elle redoute, sans savoir pourquoi, l'arrivée de cette Mélisande épousée par Golaud depuis six mois déjà, mais aussi mystérieuse qu'au premier jour. A cet état d'âme lourd de contrastes inavoués, Debussy répondait par la simplicité archaïque d'un récitatif presque uniforme, au cours duquel un rien soulignait l'émotion qui passe : un *la bémol* inattendu, pour évoquer le sanglot plaintif de Mélisande ; une ascension, bien discrète, de la voix, lorsque la lettre espère un accueil affectueux du vieil Arkel ; quelques accords rapides et furtifs, quand Golaud demande l'acte qui enchaînera le destin : la lampe allumée sur la tour. Et tout cela — minimum d'expression, refus de « sculpter » les mots fatidiques, absence totale d'éloquence — provoqua, chez les vrais fidèles, plus d'émotion que les Adieux de Wotan.

Commode — et fastidieux — d'énumérer, sous prétexte d'analyse, la théorie des inflexions vocales qui se gravaient dans les âmes... On restait confondu devant la divine simplicité du murmure de Mélisande (« Oh ! pourquoi partez-vous ? »), où le *sol dièze* final, amalgamé dans un accord de *fa dièze*, prend un caractère étrange et redoutablement doux... Mieux vaut

IV

constater, car les hostiles s'y refusèrent, que le récitatif s'épanouissait, quand il le faut, en chant véritable, et que le drame s'enrichissait alors d'une vie mélodique intense. Il devait être atteint de surdité subite, ce critique, qui, le soir de la générale, affirmait : « Il n'y a pas de mélodie », au moment précis où « le navire entre dans la lumière »... Assurément, il ne s'agissait point d'airs « carrés » et traditionnels, mais d'effluves mélodiques passagères, ou plus durables, lorsque la vie psychologique des personnages, devenant plus intense, tendait à s'exprimer plus largement. Arkel accepte le retour de Golaud, ouvrant ainsi la porte à l'énigmatique avenir ; et peu à peu, sous le récitatif jusqu'alors uniforme, s'insinue dans l'orchestre une véritable phrase mélodique, qui, par contact, donne au chant du vieillard une allure gravement lyrique, au moment où il prononce les mots sacramentels : « Qu'il en soit comme il l'a voulu ; je ne me suis jamais mis en travers d'une destinée. » Et plus tard, quand il se penchera sur l'âme ignorée de Mélisande, sa parole échappe de nouveau au récitatif monodique, afin de mieux chanter le soleil promis, l'ère nouvelle entrevue, le baiser de Mélisande qui le fait croire, une fois dernière, « à la fraîcheur de la vie ». Golaud, le jaloux sombre et violent, abandonne ses mélopées pour demander à Mélisande d'accepter le

vieux château, la forêt sans lumière et la vie sans joie ;
mais survient le spectre de la trahison : la colère
l'aveugle, il traîne Mélisande par les cheveux, et c'est
un *chant* de colère, cruellement ironique, qui traduit
sa douleur brutale. Chez Pelléas, le songeur vite exalté,
la mélodie va prendre corps et s'affirmer bien davantage : tendres inflexions de la voix devant la fontaine
miraculeuse, invocations exaltées quand les cheveux
de Mélisande l'inondent, cris d'enthousiaste ivresse
qu'il pousse au sortir des souterrains putrides, hymne
de tendresse contenue, puis ardente, pour exprimer
l'amour enfin déclaré : « On dirait que ta voix a passé
sur la mer au printemps... Ah ! qu'il fait beau dans
les ténèbres » : accents mélodiques d'inoubliable
beauté, qui se terminent par un « duo » passionnel
devant la mort... Chose curieuse en apparence : Mélisande reste celle qui ne *chante* pas, tant cette âme
inconsistante et mystérieuse semble avoir peur de la
phrase expressive, et se limite au vocable entrecoupé
et fuyant : « Je me suis enfuie... enfuie... enfuie. »
Même dans la grande scène d'amour du IV° acte, elle
n'atteindra pas au lyrisme. Une seule fois, sa parole
s'épanouit en chanson. Elle peigne sa chevelure, devant
la fenêtre qui domine le chemin de ronde, et murmure cette phrase vague, écho d'un vieux mode, aux
allures de folklore scandinave : « Mes longs cheveux

descendent tout le long de la tour. » Il fallait ici ne rien exprimer d'exact ; la princesse de rêve chante sans savoir pourquoi, sans savoir ce qu'elle dit, sans savoir qu'elle chante, peut-être : et ce demi-rêve sonore devait prendre, en effet, la forme d'une cantilène imprécise, au rythme flottant. Ce n'est pas une concession aux données traditionnelles : c'est, en quelques notes, la vision symbolique de l'étrange apparition.

Mais il faut le dire et le redire : entre le récitatif et le chant, nulle solution de continuité. Jamais — sauf, peut-être, avec le duo d'amour — il n'est possible de dire : à tel endroit, la mélodie commence et le récitatif prend fin. Extraordinaire fusion de tous les moyens expressifs, qui se pénètrent au point de constituer un fluide « indisséquable », — et, d'autre part, art aussi imprévisible que sûr. J'entends que l'on ne peut jamais établir, à propos de *Pelléas*, un rapport de cause à effet ; jamais on ne peut affirmer que telle impression découle nécessairement de tel procédé ; impossible d'établir un formulaire, et de refaire ici le travail qu'André Pirro consacre au langage expressif de J.-S. Bach. J'ai dit que la ligne vraiment mélodique correspond en général à la puissance d'un sentiment, je n'ai pas dit qu'elle y réponde toujours. A la fin de la scène des cheveux, c'est le récitatif le plus contenu, le plus volontairement uniforme qui trahit la surprise irritée de Golaud : « Vous êtes des enfants » ; et dans le premier tableau, c'est une cadence mélodique, parfaitement majeure, digne de figurer dans un opéra classique, pour commenter l'emphatique affirmation de Golaud, qui se proclame « le petit-fils d'Arkel, le vieux roi d'Allemonde ». On sent l'ironie : pauvre homme, qui croit alors savoir ce qu'il est vraiment...

Nous avons donc atteint l'une des grandes nouveautés de *Pelléas* : ce langage frémissant, maître de tous ses moyens, irréductible au dogmatisme d'une formule. On s'explique ainsi ce dialogue étonnamment juste et varié, dont l'atmosphère enveloppait immédiatement les auditeurs, sans qu'ils pussent d'avance en prévoir le développement. On éprouvait la tenue grave, presque hiératique de la seconde scène, où Arkel, fataliste, enchaîne le destin amoureux et funèbre ; on était envoûté par la scène de la fontaine des aveugles, apparemment fraîche et limpide, mais assombrie par ces retours au récitatif presque nu, qu'adopte Pelléas pour évoquer l'ombre, hostile déjà, de Golaud... Images de la vie, plus *vraies* que le dialogue parlé, prolongées, en profondeur, par les voix orchestrales.

Ici encore, tout se révélait nouveau, à commencer par l'emploi des thèmes.

Cette nouveauté-là fut constatée beaucoup moins nettement que les autres par les amis de la première heure. Devant la disparition du leit-motiv au sens wagnérien, ils concluaient, d'office, à l'absence de thèmes constructeurs, et celui qui écrit ces lignes a pensé quelque temps de la sorte. On était si loin du motif tétralogique, avant tout « personnification de l'idée » comme disait Liszt, véritable pancarte sonore que Debussy, dédaigneux, traita de catapulte et de boniment ! L'auteur de *Pelléas*, et parce qu'il est lui-même, et parce qu'il traite un sujet mystérieux, ne veut pas d'annonces musicales ; ce n'est pas dire qu'il renonce à tout principe thématique. Nous l'avions cru. Nous avions tort. Mais pourquoi l'avons-nous cru ?

Parce que les thèmes sont employés dans un tout autre esprit que dans la *Tétralogie*, que dans *Tristan* même. Non qu'ils soient moins nombreux : Maurice Emmanuel en identifie treize et reconnaît qu'il pourrait en signaler beaucoup d'autres. Mais ce dénombrement ne doit pas apporter de fausse impression. Aucune symétrie dans leur developpement respectif ; le motif de la couronne n'apparaît qu'une fois, au premier tableau, souvenir unique du passé inconnu dont Mélisande ne veut conserver nulle trace, tandis que les cinq notes qui caractérisent Mélisande elle-même forment la véritable toile de fond, presque jamais absente. Debussy ne se soucie pas d'opposer brutalement les divers thèmes ; celui qui évoque Golaud, l'un des moins instables de tous, se rapproche souvent du motif identifiant l'anneau conjugal perdu dans la fontaine : rien de plus juste, puisque la disparition de la bague, avant tout autre symptôme, éveille l'inquiétude du petit-fils d'Arkel. Et ces thèmes n'ont pas la seule mission de désigner la présence réelle ou la pensée concrète ; symboliquement, ils suggèrent aussi l'idée latente, l'allusion muette, le pressentiment encore estompé. Au cours de la dernière scène du premier acte (devant le château), les premières notes du motif de Golaud se font sourdement entendre, sous ces paroles de Pelléas : « On dirait que la brume s'élève lentement » : allusion qu'eût goûtée Mallarmé, Golaud devant représenter bientôt l'ombre funeste, la menace indéfinissable. Comment s'étonner, si tel ou tel thème se glisse dans la trame orchestrale pour indiquer la simple réminiscence ? On songe alors à la cinquième *Rêverie d'un promeneur solitaire*, où Jean-Jacques analyse ses impressions du lac de Bienne ; couché dans le fond de la barque, il se laisse engourdir par le bruissement des eaux, sur lequel passe, de temps à autre, une pensée demi-consciente et fugitive. Ici, la trame orchestrale est assimilable au murmure du lac, et les thèmes sont comparables à ces souvenirs éphémères. Il faut que le thème de Golaud laisse entendre sa sourde menace sous l'idylle de la fontaine, et que l'image de la source se réveille un instant, auprès du lit de Golaud blessé, lorsque Mélisande évoque le ciel qu'elle a vu « ce matin pour la première fois ». Dans cette même scène encore, le thème de Pelléas a le droit de s'insinuer, pendant que Mélisande murmure : « C'est quelque chose qui est plus fort que moi. » Et le motif des souterrains, lugubre comme « l'odeur de mort qui monte », fait entendre à bon droit sa menace aux cordes graves, au moment où Golaud et Iniold s'arrêtent devant la fenêtre révélatrice.

Bien rarement ces thèmes s'accusent en passant dans la ligne vocale. Arkel entrevoit l'ère de soleil et de joie ; le thème de Mélisande rutile à l'orchestre, mais lui ne le chante pas exactement ; c'est par un « mouvement contraire » que sa voix l'évoque. Mélisande ne chante qu'une fois le thème de Pelléas, légèrement déformé d'ailleurs : c'est à l'instant suprême où précisément elle va s'identifier à lui, révélant qu'elle l'aime depuis toujours : « Depuis que je t'ai vu. » L'orchestre seul exprime les idées sonores, car il se prête, mieux que la voix, à leurs modifications incessantes. Et c'est ici que se manifeste toute la différence avec le leit-motiv wagnérien. Autant celui-ci veut s'accuser, autant le thème debussyste semble se dérober, comme un Protée musical. A quoi bon noter les variations que subit, entre autres, le thème de Mélisande ? Il ne faut que relire *Pelléas* pour s'en rendre compte : qu'il suffise ici de constater l'humaine vérité de ces transformations.

Dès la première scène, les cinq notes primitives donnent naissance à des triolets mélancoliques : « tous » ont fait du mal à la princesse du rêve. Les voici qui reparaissent, larges et lointaines, quand la lettre de Golaud demande pour elle l'affection d'Arkel ; elles vibrent, aériennes, aux flûtes et aux hautbois, dès que Mélisande reconnaît le navire qui l'amena : elles resteront, à la fin de l'acte, comme en suspens devant ce regret, vague encore, qu'apporte le départ possible de Pelléas. Le thème se fait égal et dolent, car Mélisande souffre de l'oppression du vieux château ; il frémit, sous le trémolo des violons, avec l'envol des colombes effrayées ; il s'allonge, lent et tenu, au sortir des souterrains, sous la voix de Golaud, qui parle d'une maternité prochaine : anxieux, saccadé, il scande l'atroce angoisse de Golaud devant la fenêtre fermée ; le voici, lumineux, éclatant même, avec la dernière éclaircie, quand Arkel attendri prévoit les « événements jeunes, beaux et heureux »... Mais faut-il poursuivre ? La fin de Mélisande est proche, et son thème, au dernier acte, se fait las et résigné comme elle-même. Inutile maintenant de citer des transformations, similaires quoique moins nombreuses, pour Pelléas et pour Golaud : nous aurons suffisamment dit que l'emploi des thèmes est aussi frémissant que celui de l'harmonie. Jamais ils ne s'unissent sans raison, pour le seul plaisir de réaliser un savant complexe ; leurs rencontres semblent celles de deux passants liés, comme à leur insu, par quelque mystérieux « appel de la route ». Harmonieusement, le thème de Mélisande et celui de Golaud se joignent, sous la lumière du phare et dans le chœur lointain des matelots ; harmonieusement, car le drame n'est pas encore né. Au cours du III° acte, c'est dans une atmosphère déjà trouble que le thème de Mélisande rencontre celui de Pelléas : rencontre lourde d'avenir, et qui suggère une impression d'attente ; mais à la fin du IV°, il y aura — pour cause — lutte véritable entre le symbole sonore de Pelléas et celui de Golaud. Pas de superposition finale, comme chez maint franckiste : on dirait qu'au contraire les thèmes connus s'effeuillent, en intime correspondance avec la vie qui s'en va. C'est avec raison qu'une figure mélodique, toute nouvelle, apparaît alors ; celle de l'enfant nouveau-né, triste et volontairement monotone, car « il faut qu'il vive, maintenant, à sa place ». Image poignante de la course du flambeau, en sa discrétion miraculeuse...

Il serait donc impossible de séparer plus longtemps la ligne chantée de l'harmonie. Celle-ci surprenait tout autant, sinon plus, que le style vocal adopté. Il y eut des stupeurs, devant cet orchestre, où le quatuor est divisé si souvent, où les sonorités des bois et des cuivres sont altérées, et des ahurissements devant ces phrases qui se refusent au grand déploiement traditionnel, devant ces accords dissonants dépouillés de résolution. Résultat : comparaison avec Berlioz et Wagner. C'était commettre l'erreur fondamentale. Au lieu de mettre *une forme* dépouillée de son contenu psychologique, en parallèle avec *des formes* antérieures envisagées pour elles-mêmes, il convenait de juger par rapport à l'œuvre, et de regarder le langage harmonique non comme une fin en soi, mais comme un moyen d'expression.

C'est là ce que faisaient les debussystes. Ils n'avaient pas en général, répétons-le, des lumières spéciales quant à l'harmonie moderne et la chimie des timbres. Mais la pratique des poëtes symbolistes les avait mieux préparés que la lecture d'Émile Durand. Ils *sentirent* d'instinct : mode de connaissance qui convenait, mieux que tout autre, à la grande œuvre « intuitionniste » ;

ils sentirent que rien, dans ce langage, ne voulait être cérébral, artificiel, inexpressif ; et, de la sorte, tout s'éclaira pour eux.

« Les tons relatifs ? Une blague. Ou plutôt elle est les deux simultanément. Ce qui peut l'assouplir ou la renouveler, c'est un compromis perpétuel entre tierces majeures et tierces mineures... En noyant le ton, on peut toujours, sans tortuosités, aboutir où l'on veut. Et notre monde, agrandi, est aussi plus nuancé. »

Tels sont les propos que Debussy, dès 1890, tenait à son maître Guiraud, devant Maurice Emmanuel qui nous les a précieusement transmis. Ils sont la clef de toute l'harmonie debussyste ; ils expliquent ce goût pour les « nouveautés » harmoniques qu'Emmanuel a si clairement définies et classées : parallélisme d'accords parfaits, suites révolutionnaires de quintes, traînées de septièmes, chutes de neuvièmes, union de « la tendre septième » à la neuvième longtemps prohibée, emploi volontaire de la quinte augmentée non résolue, du « triton » suspendu, altérations parallèles ou non, accords incomplets, dissonances violentes parfois. L'essentiel n'est ici ni de les citer à nouveau, ni d'ergoter sur telle nouveauté plus ou moins insolite, ni de renouveler la discussion byzantine sur la gamme dite chinoise. Debussy n'était pas grand pour avoir systématisé ce que les devanciers n'avaient osé que de loin en loin. Il était grand pour avoir cherché, par son harmonie comme par son style, la vérité.

Elle est partout. Seule l'audition peut en fournir la preuve totale, et l'exemple isolé, forcément dédaigneux du contexte, repose sur une mutilation souvent arbitraire. Et pourtant... Qu'on se souvienne des quatre premières mesures du prélude et de l'analyse lumineuse de Louis Laloy : ce premier accord sans tierce, ni majeur ni mineur, instaure par la seule équivoque modale l'atmosphère voulue. Et retrouvons le dernier accord du même acte, c'est-à-dire l'étrange et moelleuse dissonance qui ponctue la dernière parole de Mélisande, si lourde d'avenir : « Oh ! pourquoi partez-vous ? » — neuvième lente et méditative sur pédale de fa dièze, pendant qu'une flûte pensive déroule le thème connu. — Scène de la fontaine ; la bague est engloutie, « il n'y a plus qu'un grand cercle dur sur l'eau ». Pas de faux pittoresque : mais des accords calmes de rythme, jamais identiques comme intervalles, et de tonalités qui semblent toujours plus différentes, toujours moins définies ; comme l'anneau, le ton se noie. — Mélisande et Pelléas, cherchant la bague devant la grotte, ont découvert, au lever d'une lune tendre et nostalgique, trois vieux pauvres endormis : l'accompagnement se fait alors chétif et grêle, simple suite de secondes sans pédales graves, véritable « dénudation harmonique » qui répond, semble-t-il, à cette pauvreté famélique. Le drame éclate ; Golaud tire son épée, traîne Mélisande par les cheveux, riant déjà « comme un vieillard » : l'harmonie, pour peindre l'atrocité de la scène, se fait résolument fausse ; la voix rugit en ut dièze, tandis qu'à l'orchestre le do naturel s'affirme au milieu des triolets trépidants. Mélisande meurt, pardonnant à Golaud presque sans l'avoir reconnu, ne sachant ce qu'il faut pardonner, ni même pourquoi elle pardonne ; voici des accords infiniment simples, d'une lenteur calme et lointaine, poignants comme une lamentation funèbre, et la onzième augmentée, qui commente les dernières paroles d'Arkel, a quelque chose de vaste et de désolé qui semble annoncer le grand départ de l'âme inconnue... C'en est assez pour affirmer que cette harmonie reflète immédiatement la vie du drame et la conscience des êtres qu'il tourmente. Mais, comme la voix, elle reste irréductible à tout formulaire, et nul n'aurait pu, d'avance, prévoir le procédé qu'emploierait Debussy dans une situation donnée. Nulle « harmonie préétablie ». Il paraît naturel que le majeur traduise, en sa luminosité, la clarté de la source, la terrasse fleurie, les cloches de midi : mais on voit par ailleurs le majeur exprimer à merveille des états mystérieux ou troubles. Il souligne l'allusion à la couronne de Mélisande, le miracle de la fontaine perfide, le dernier mot d'Arkel : « L'âme humaine aime à s'en aller seule. » N'allons pas chercher en Debussy l'esprit de Rameau, qui veut conférer à tel intervalle une valeur expressive « ne varietur ». C'est par là surtout qu'il dépasse son grand ancêtre.

« On étouffe dans vos rythmes ! On y étouffe parce que les solfèges, confondant rythme et mesure, réduisent tout à des mesures simples et à des mesures composées. » Encore un propos capable d'éclairer toute une face de l'œuvre nouvelle. Dès sa jeunesse, Claude-Achille protestait contre l'arbitraire différenciation ; il connaissait plus tard la rythmique savoureuse et pétulante d'un Chabrier, la rythmique souple et prenante des grands russes. Dès *L'Après-midi d'un faune*, il s'arrachait à l'obsession des mouvements uniformes et trop longtemps gardés, pour les varier dès l'abord (voyez les quatre premières mesures), pour les enchevêtrer les uns aux autres, comme dans cette rutilante évocation de la nature estivale. Il semble pourtant que du *Prélude* à *Pelléas*, sa rythmique se soit merveilleusement enrichie. Pas de parti pris ; la première scène reste binaire, presque en entier : une seule mesure 3/4, et deux mesures 6/4, à l'endroit

même où le chant s'étale, pour permettre à Golau
d'affirmer son haut-parentage. En effet, sitôt qu'o
dépasse l'analyse externe, tout apparaît richesse, et le
rythmes les plus insinuants sont précisément ceu
qui se dérobent au schéma. Impossible de définir l
rythmique de tel récitatif : la sottise fut de le croire
sous ce prétexte, invertébré. Soit ; pas de plan préconçu
dans les grandes paroles d'Arkel : « Qu'il en soit
comme il l'a voulu ! » Pas d'antithèses brutales avec
celles que vient de prononcer Geneviève. Et pourtant
la rythmique révélerait, à elle seule, qu'une autre
âme s'exprime : n'est-ce pas qu'alors, pendant deux
mesures, une noire s'insinue entre les croches, ralen-
tissant le débit, au milieu de la mesure elle-même,
sur les mots décisifs : « Qu'il en *soit, — au travers*
d'une destinée » ? C'est peu ; mais c'est assez. Et qu'on
fasse abstraction de la ligne vocale, pour saisir, dans
l'orchestre, ces mille rythmes, d'autant plus puissants
qu'ils ne s'exhibent point. Il est bien qu'un rythme
subsiste, tant que subsiste son correspondant psychologique ; la scène de Geneviève et d'Arkel doit être,
tout entière, grave et lente, la scène de l'épée doit
être, tout entière, violemment tragique ; aussi les trip-
lets furieux éclatent-ils avec la colère de Golaud, pour
ne mourir que lorsqu'il a reconquis son calme de
façade. Il faut même qu'aux moments d'accalmie les

rythmes « stagnent », en quelque sorte, sur des
accords identiques ; ainsi le dialogue lent et doux
devant la fontaine qui « ne guérit plus les yeux des
aveugles ». Mais il importe aussi que l'occasion modi-
fie, comme spontanément, les figures rythmiques.
Elles s'éteignent alors que s'éloigne le piétinement
des moutons sacrifiés ; elles perdent leur inquiétude
quand la lune éclaire enfin le mystère de la grotte ;
elles s'unissent, binaires et ternaires, parallèlement
aux cheveux de Mélisande qui s'entrelacent sous les
doigts de Pelléas, « vivants comme des oiseaux » ; elles
s'exaspèrent, violentes et heurtées, pour traduire
l'âpre jalousie qui gronde au cœur de Golaud. Nulle
part elles ne changent davantage que dans le prélude,
qui, sur vingt-deux mesures, compte huit rythmes
dissemblables ; mais ceux-ci glissent les uns après
les autres, sans heurt comme sans continuité, renfor-
çant ainsi l'impression de flottement que les accords
ont de leur côté suggérée.

Il semble pourtant que rien n'est dit, tant qu'on
n'a pas encore envisagé cette étonnante « chimie des
timbres », cette couleur orchestrale qui, même après
Chabrier, même après Moussorgsky, parut si neuve,
elle aussi. Elle s'était révélée dans la lumière païenne,
pâle ou dorée, du *Faune* et des *Sirènes*, et dans la
grisaille nostalgique des *Nuages* ; rien ne manquait,

dès lors, à cette palette, mais jamais on n'avait pu
sentir sur le vif l'adaptation si juste à la fin poursuï-
vie. Sourdines fréquentes, voile diaphane tendu par le
quatuor souvent divisé, note piquée par la flûte argen-
tine, bouffée d'arpèges de harpe s'élançant en sons
cristallins : tout cela n'était, pour l'indifférent, qu'or-
nement anecdotique : mais le fidèle, là encore, ne
trouvait que la vérité. Quatuor dilué, dont l'enveloppe
illumine, comme le phare lointain, la scène du navire,
et dont les accents chétifs commentent l'inconscient
pardon de la mourante ; altos inquiets devant la bague
perdue ; violoncelles sourds et lourdes contrebasses
qui disent le mystère des souterrains ; flûtes, limpides
pour évoquer la source, graves pour suggérer l'amour
naissant ; clarinette riant avec les cheveux baignés de
lune et la terrasse inondée de soleil ; hautbois plaintif
qui chante la petite enfant condamnée à vivre ; bas-
son caverneux comme les bas-fonds redoutables ; cor
égaré dans la forêt primitive ; trombones et trompettes
qui murmurent le thème de la destinée, ou clament
l'ivresse démente de Golaud ; tuba redoutable devant
la grotte perfide ; timbales presque toujours prophé-
tiques ; harpes aériennes comme la lumière des jardins : tout prend part au merveilleux commentaire,
que l'orchestre parle seul ou qu'il collabore avec les
voix.

Là se manifeste la grande discrétion debussyste, qui frappa les partisans comme les adversaires. Aux moments pathétiques et lourds de conséquence — silence d'avant l'orage — l'orchestre se tait complètement ; « seul le silence est grand » lorsque Golaud, se traînant vers le lit de mort, implore son pardon ; presque jamais il ne parle tout entier, comme s'il craignait de couvrir les voix et de tomber dans la trop puissante symphonie wagnérienne. La masse sonore sait se diviser, se réduire soit à quelques lignes soutenues, soit à quelques accords furtifs, soit à un trait grâce auquel l'instrument mis en cause acquiert toute sa valeur personnelle. Une seule « anecdote » pittoresque, au moment où le petit Yniold, piqué par la barbe de son père, rit nerveusement : trait moussorgskien, peut-être, mais trait unique. Partout ailleurs, Debussy se refuse à l'impressionnisme sans âme. La voix de Golaud ne sera pas étouffée par le murmure de la forêt, car les triolets suffisent pour évoquer non son bruissement, mais son mystère. Il ne « reproduit » pas le chant de la fontaine, mais « suggère » sa grâce et sa fraîcheur par une arabesque sonore qui serait aussi bien, par ailleurs, l'évocation d'un rouet : c'est qu'il veut donner, non pas la sensation matérielle, mais la notion de fluidité. L'essor orchestral dont s'accompagne la sortie des souterrains n'est pas, à pro-

prement parler, le tableau du jardin lumineux, de la
mer nacrée, des cloches joyeuses : c'est l'âme de Pelléas, enthousiasmée par le violent contraste ; et tout
s'arrête quand Golaud fait entendre l'avertissement
gros de menaces. Voilà comment la ligne vocale et
l'orchestre se complètent si intimement, sans artifice.
Jamais le chant ne fut si près de l'harmonie : voici
réalisé, le rêve de Rameau. La cantilène fait corps
avec l'orchestre, harmonie et chant semblent issus
d'une même essence, et rien n'est plus juste ici que
l'image de Suarès : « L'accord est le jet d'eau sonore,
et ce qu'on appelle mélodie est le jet qui s'éparpille ;
mais elle est le jet fluide encore. »

Avec les interludes seuls l'orchestre se permettra
d'élever la voix, d'aller jusqu'aux tutti. Mais l'interlude est fait, avant tout, pour prolonger l'impression
déjà éprouvée, pour préparer les voix du destin ; sans
composition voyante, sans clartés trop vives, car il
faut ici des impressions plus profondes que distinctes,
sans longueurs wagnériennes, car la sobriété seule
peut être émouvante. Ils commentent ce qui nous
oppresse, ils réalisent le halo que telle ou telle vision
vient de nous laisser. Golaud vient de rencontrer Mélisande, et nous craignons désormais on ne sait quel
inconnu, devant ces deux êtres « perdus » l'un comme
l'autre : il est bien que sur des triolets sombres et

monotones passent et repassent, comme de blancs fantômes, le thème du prélude et celui de Golaud. — Il faut retrouver l'anneau perdu dans la fontaine des aveugles ; devant l'inconnu grandissant, l'interlude qui précède le tableau de la grotte laissera flotter le thème de la source, celui de Mélisande, celui de Golaud, dans une brume de plus en plus épaisse, sur un fond de timbales assourdies. — Ce ne sont pas là des « ponts et conduits », des transitions scolaires ; ainsi les trente-deux mesures d'orchestre qui font suite à la scène des cheveux se bornent à prolonger l'enchantement de tendresse lunaire, unissant délicatement les images sonores de Mélisande et de Pelléas : rien n'annonce le souterrain putride. Le sens des interludes ne se précise qu'au IV° acte, au moment où le destin frappe inexorablement. Sur des traits rapides et comme étouffés, tel un orage qui gronde au lointain, les thèmes hostiles — Golaud, Pelléas — s'affrontent ; et c'est, après l'horrible scène de l'épée, la grande page, admirable de profondeur expressive et de plénitude sonore, où Claude Debussy réalise les voix de la passion blessée, de l'émotion compatissante ; commentaire unique du mot d'Arkel qui la précède : « Si j'étais Dieu, j'aurais pitié du cœur des hommes. »

Maintenant, pouvons-nous reconstituer l'état d'es-

prit de la génération qui voit éclore le chef-d'œuvre?
Sans doute, elle n'a pas toute de suite dissocié, comme
ci-dessus, les éléments constructeurs ; mais elle a pour
elle ce que jamais commentaire ne pourra remplacer :
l'impression directe, et l'impression première. Tout
de suite, avec l'envoûtement du prélude, elle éprouve
l'admirable union du poëme et de la musique, l'indis-
soluble lien de l'orchestre et de la ligne chantée ; elle
subit à la fois le charme de chaque scène et la vertu
de l'enchaînement dramatique. Dès le second acte
plane le mystère de la fontaine et de la grotte ; puis
c'est l'intensité de la scène d'amour, le relent macabre
des souterrains, le parfum de la terrasse fleurie, le
tragique shakespearien de la fenêtre révélatrice.
Viennent les grandes voix de la bonté, de la colère, de
l'amour éperdu, du meurtre fratricide ; vient enfin la
mort de Mélisande, prodigieuse de douceur flottante et
d'indicible pitié. Comprend-on que Laloy n'a fait
qu'exprimer la plus intime pensée des fidèles, quand
il a dit que *Pelléas*, par sa beauté souveraine, les avait
atteints « aux sources même de leur vie » ?

V

KTHMA EIΣ AEI

Beethoven a suscité des énergies. Wagner a déclanché d'immenses enthousiasmes. Mais le wagnérien le plus convaincu a-t-il aimé Wagner, au sens vrai du terme, comme un debussyste, sincère et simplement ému, sut aimer *Pelléas* ? Relisons ces lignes de Fernand Gregh, qui parurent en octobre 1902, et demandons-nous si les critiques les plus admiratifs ont coutume d'aimer autant ce dont ils parlent.

« Longs accords onduleux comme des flammes d'or, phrases sinueuses comme la parole, brisées comme des rires, entrecoupées comme des sanglots, dissonances tendres, sonorités liquides, chromatismes nerveux, harmonies dolentes ici, traînantes là, ailleurs titubantes, dirait-on, de l'ivresse du printemps ou du vertige de l'azur ; Pelléas, doux songeur, triste, qui veut toujours partir et qui reste toujours, et sait qu'il doit attendre l'accomplissement de sa destinée ; Golaud, pauvre homme qui tue sans le vouloir, pauvre homme « pareil aux autres hommes » ; Arkel, vieillard sage et bon, qui sait la vie et pardonne à l'amour et au meurtre ; Mélisande enfin, *animula vagula blandula*, petite âme énigmatique jusqu'au bout, et qui meurt sans dire son secret, blonde princesse de légende à l'âme de petite fille, petite fille où palpite, rêve et aime toute la femme !... Vous nous avez enchantés, vous nous avez pris le cœur, du premier jour ; et vous serez plus tard pour nous toute notre jeunesse, et lentement nous vous regarderons, d'année en année, vous perdre dans le lointain, en murmurant aussi, avec des larmes dans les yeux : « Oh ! pourquoi partez-vous ? »

Nous sentons l'inquiétude que décèlent ces dernières lignes, d'un art consommé, d'une émotion si communicative. Est-il vrai que *Pelléas* doive perdre ses couleurs aux yeux des générations futures ? *Pelléas* n'aura-t-il vraiment parlé qu'à « la génération de *Pelléas* », et reflètera-t-il simplement, dans l'histoire de la musique française, cette réaction d'antiwagnérisme qui semble l'avoir suscité ? Qu'il ait été le miroir de tout un âge, rien n'est moins douteux, non seulement quand il parut, mais jusqu'en la guerre elle-même.

Peu nous importent les snobs debussystes, que l'auteur exécutait d'un mot : « Ils me tuent ! » Seuls comptent ceux qui aimèrent *Pelléas* au point d'en être intensément imprégnés, — ceux qui moururent eux aussi, sans cris, « sans gestes », comme disait notre cher Maurice Bouignol, — ceux qui savaient, avec Arkel, ne pas échapper à l'inévitable...

Mais déjà *Pelléas* n'était plus le miroir de Debussy lui-même, qui rêva, sitôt après, d'échapper aux fascinations de l'habitude. Au temps où il songeait à mettre en musique *La Maison de Tom Usher*, d'Edgar Poë, quelqu'un lui demandait s'il adopterait à nouveau la manière de *Pelléas* : « Oh ! ce sera beaucoup plus simple », fut-il répondu. Quand il parut s'arrêter à l'*Orphée-Roi* de Victor Ségalen, ce fut pour imaginer une vaste partie chorale, sans accompagnement d'orchestre. Et *Le Martyre de saint Sébastien* procède par larges fresques plutôt que par analyse, au point que les assembles palestriniens, que l'ampleur du final paradisiaque contrastent comme à plaisir avec les brumes d'Allemonde. Au théâtre comme ailleurs, Debussy se refusait désormais à l'atmosphère rêveuse des premières œuvres, et semblait tendre vers une attique clarté, celle des *Danseuses de Delphes* et de *La Cathédrale engloutie*. — Réaction chez lui-même, réaction tout autour de lui. Rarement déclin fut plus rapide

que celui de cet impressionnisme auquel on prétend
le rattacher. La strophe d'airain de Péguy, la touche
dure de Marquet s'opposent bien vite au rêve languide
de Samain, comme à la couleur changeante de Monet :
il en va de même avec la musique. On voudra voir
dans l'éclat d'*Ariane et Barbe-Bleue* l'antidote de *Pelléas*, on en dira autant de *La Tragédie de Salomé*, et
l'antidebussysme fera partie du fameux programme
des « Six ». A son harmonie dite « statique », l'*Esprit nouveau* opposera l'harmonie « dynamique » de
Stravinski ; *Le Coq et l'Arlequin* va reprocher à Claude-
Achille d'avoir pensé, quoiqu'en français, « avec la
pédale russe » ; et tous, pour réagir contre le symbolisme musical et la demi-teinte expressive, veulent
s'affirmer barbares. En viennent-ils à la négation de
l'art debussyste ? Non point ; Georges Auric affirme,
en plein Collège de France, que *Le Faune* et *Pelléas* ont
fait revivre notre art menacé. Mais l'hommage s'accompagne du refus, formel, d'imiter : « Nous admire-
rons toujours Debussy, et d'autant plus que nous nous
sentirons plus éloignés du charmant mystère de son
œuvre. »

Debussy n'eût rien dit là-contre, lui qui proclama
toujours son bon plaisir comme sa règle, se refusa à
devenir chef d'école, fustigea ses propres satellites,
et s'éleva contre « les imbéciles et les timides », oppres-

sés par le regret du passé mort. Il est donc conforme à ses propres tendances que le souvenir de *Pelléas* n'oppresse pas le musicien personnel ; il est normal qu'on puisse, dès aujourd'hui, dépasser ou modifier sa langue ; il importe même assez peu de savoir s'il a vraiment porté l'expression musicale *plus loin* que les autres, et s'il ne conviendrait pas de dire : *à côté* des autres. Giotto n'est pas, en soi, plus grand pour avoir suscité le mouvement libérateur de l'art médiéval ; Prudhon n'est pas moins grand pour avoir incarné, au xixe siècle, le type de l'isolé. Le seul problème essentiel est le suivant : *Pelléas*, qui parut si neuf, n'aurait-il, par là même, qu'une valeur de singularité ? Faut-il n'y voir qu'un phénomène épisodique au milieu de la musique d'hier, le témoignage fidèle, donc périssable, d'une génération très particulière, *l'accident*, génial peut-être, mais sans valeur vraiment humaine, sans chance de plaire « universellement et sans concept », ainsi que le veut la définition classique du beau ?

On peut déjà répondre en citant l'opinion de Darius Milhaud lui-même, à propos des *Nocturnes* : « Vue avec le recul nécessaire, l'œuvre symphonique de Debussy apparaît chaque jour plus merveilleuse, et l'on sent ainsi chaque jour davantage combien Debussy domine sa génération et la dépasse. » Mais en quel sens la dépasse-t-il ? Voici que doit intervenir une de ses affirmations, précieuse parce qu'elle exprime une de ses idées favorites. « Croire que les qualités particulières au génie d'une race sont transmissibles à une autre race sans dommage, est une erreur qui a faussé notre musique assez souvent, car nous adoptons avec un enthousiasme sans défiance des formules dans lesquelles rien de français ne peut entrer. Il serait meilleur de les confronter avec les nôtres, de voir ce qui nous manque et tâcher de le retrouver *sans rien changer au rythme de notre pensée. Ainsi nous enrichirons notre patrimoine.* » On le voit ; nul chauvinisme artistique, nul traditionnalisme paresseux, mais le désir de retrouver dans une œuvre même nouvelle l'esprit de la race. *Pelléas* est-il, en ce sens, une œuvre « traditionnelle » ainsi que l'ont pensé d'Indy et Laloy dès le premier jour ?

On parle parfois de « la tradition révolutionnaire » des Français. Ce n'est pas un simple trait d'esprit. Le Français a le don de se renouveler tout en restant fidèle à une certaine base, à un certain rythme, en musique comme ailleurs. Les grands musiciens de ce pays furent rarement de grands conservateurs ; il est peu de Brahms au Panthéon de nos gloires artistiques. Les Jannequin, les Couperin, les Rameau, les Berlioz, les Chabrier, les Fauré font toujours figure d'inventeurs, car aucune tradition, si pesante soit-elle, ne peut s'opposer à l'expression de leurs découvertes, c'est-à-dire de leur personnalité. Mais ces mêmes inventeurs sont, en même temps, « les vrais héritiers des aïeux ». Il ne s'agit pas seulement de reprendre à ce propos la belle et fameuse image de Jaurès et d'opposer les gardiens de la flamme vivante aux maniaques de la cendre refroidie. Il s'agit d'affirmer qu'ils continuent, dans leurs audaces mêmes, l'esprit des grands devanciers. C'est par là qu'on peut constater comment les innovations révélées par *Pelléas* ont des précédents. Audace, qu'assujettir la musique aux paroles, dans un récitatif dépourvu de rythme apparent ? Sans même invoquer Rameau et Lulli, souvenons-nous, avec Jean Chantavoine, que notre littérature a toujours dominé notre musique vocale, depuis la chanson médiévale que régit le rythme poétique, depuis Ronsard qui défend aux instruments de vibrer « sans être accompagnés de la mélodie d'une plaisante voix ». — Audace, que suggérer la grotte, les souterrains, la fontaine sans les décrire ? C'est aussi le secret de François Couperin qui sans description pesante, par on ne sait quel artifice de rythmes enchevêtrés, évoque *Les Barricades mystérieuses*. Son *Tic-toc-choc* diffère de la colère des vagues, chez J.-S. Bach — relisons *Schleicht, speilende Wellen* — autant que le babil d'Yniold s'oppose au pittoresque ultramatériel de Richard Strauss, dans la *Sinfonia domestica.* — *Pelléas* témoigne d'un parti pris antiwagnérien ? Oui, comme les chœurs limpides de Jannequin protestaient contre certaines orgies contrapuntiques de l'école franco-flamande. — Debussy fait parfois appel à « la pédale russe » ? C'est précisément le propre de la musique française, que d'écouter les voix étrangères pour les unir à la sienne ; et Rameau vieillissant, rêvant d'une vie nouvelle, songeait à faire appel à la mélodie italienne. — Debussy s'interdit tout déploiement, tout lyrisme, toute expansion ? Mais Lulli, mais Rameau avaient, avant Verlaine, « tordu le cou à l'éloquence » ; jamais leur mélodie ne voulut atteindre à la plénitude de Händel ou de Bach, chez qui le mélomane français dénoncerait volontiers quelque chose d'oratoire. La grande vertu de *Pelléas* — ne rien dire de trop, atteindre au maximum d'expression par le minimum d'effet — lui confère un caractère par-dessus tout français. Qu'on cite une note inutile dans le chef-d'œuvre de Costeley *(Je vois des glissantes eaux)*, dans le plus frais des airs de dansé de Rameau, dans le plus ému des nocturnes fauréens. « Le génie français, disait à Paul Landormy Debussy lui même, c'est quelque chose comme la fantaisie dans la sensibilité. » Entendez le sens de l'invention, ni stéréotypé ni chaotique, joint à cette sensibilité française dont il aimait à vanter « les subtils raffinements et les ardeurs composées ». Toutes les grandes œuvres françaises, y compris la sienne, portent cette double empreinte. Voilà par où la tradition nationale, au vrai sens du terme, se retrouve dans *Pelléas*.

Mais qu'est cette tradition musicale, sinon l'une des faces de notre tradition spirituelle ? Il n'en peut être autrement, dans ce pays qui semble n'aimer ni la spéculation trop abstraite ni le développement trop formel. La France n'est pas la terre élue pour la musique pure, pour la peinture d'idées, pour la philosophie du noumène. Peut-être, ici, dira-t-on que la donnée de *Pelléas* s'oppose à l'esprit national, puisqu'il apparaît comme le drame du rêve et du subconscient. On se souviendra de l'admirable analyse de Claudel : « Le Français a horreur du hasard, de l'accidentel et de l'imprévu. Il construit sa vie et s'efforce d'en exclure toutes les interventions hétérogènes », — et l'on conclura que Pelléas et Mélisande sont des étrangers, dans la patrie des idées claires et distinctes. On l'a dit : on eut tort. Si les héros de Maeterlinck peuvent nous émouvoir, c'est qu'ils ne sont pas fous. Ils sont incapables de conduire leurs actes, de commander aux événements, certes : mais ils le savent. *Ils comprennent qu'il ne faut pas comprendre.* Arkel le voit mieux que les autres ; pourtant, Pelléas sent qu'il n'échappera pas à la mort, Golaud prévoit qu'il ne dominera pas sa fureur jalouse, Mélisande elle-même semble deviner qu'elle sera victime du palais trop sombre et mystérieux. Tous, devant la fatalité menaçante, se laissent comparer au roseau pensant de Pascal devant l'orage qui va le briser sans anéantir la notion de son écrasement. Ils se sentent souffrir, de même que l'auditeur éprouve et se sent éprouver tout à la fois ; la musique de Debussy, pour impressionnante qu'elle soit, ne produit pas cet état d'hypnose que déclanche la moindre mélopée slave. C'est par là que ce « théâtre d'ombres » ne fait pas figure d'intrus au pays de Jean Racine.

Ce rapprochement n'a rien de fortuit ni d'arbitraire. Il n'intervient pas du seul fait que Racine et Debussy réclamaient comme règle unique l'un son « bon plaisir », l'autre l'art de plaire et de toucher. Il est une parenté spirituelle, plus significative. Racine n'a-t-il pas dépouillé la tragédie de tout élément accidentel ? A-t-il montré la mort de Pyrrhus, la « grande tuerie » de Bajazet ? N'a-t-il pas réduit l'intrigue aux purs éléments lyriques ? Toutes les préfaces, tous les manuels de littérature l'apprennent : c'est nous apprendre aussi l'essentiel de l'art debussyste. Nous avons vu Claude Debussy supprimer les servantes épisodiques, et passer sur une conversation de Pelléas et d'Arkel qui prenait le caractère d'une redite. Nous l'avons vu réduire au minimum l'évocation de la fontaine perfide et de la grotte ténébreuse : or, deux siècles plus tôt, il suffisait d'un vers à l'auteur de *Bérénice* pour susciter l'Orient désert et l'immense ennui d'Antiochus. Mélisande part avec une simplicité dépouillée qui ne s'égale qu'à la dignité pudique de Phèdre, au moment où survient le « froid inconnu de la mort », et qu'à la douloureuse pudeur de Bérénice, à l'heure de l'éternelle séparation. Pareille retenue dans l'expression, jointe à la sobriété voulue dans la peinture du cadre : par là *Pelléas* s'apparente aux plus parfaites manifestations de l'esprit classique.

Pourquoi se limiter à Racine, en effet ? On sait toute la délicatesse, héroïque et douloureuse de part et d'autre, dont s'enveloppe l'aveu de la princesse de Clèves : à cette pudeur répond l'innocence, inconsciente et supraterrestre, dont la musique de Debussy nimbe le demi-aveu de Mélisande mourante à Golaud torturé. Même silence pathétique, parce que même vérité. M. de Clèves doit se taire devant l'épouse agenouillée : Arkel veut qu'on se taise dans la chambre où quelqu'un va mourir. Nul effet de style dans la confession, tragiquement voilée, de la princesse : nul effet d'orchestration pour souligner le départ de la petite âme inconnue. Puissance incroyable de la concision, dans tous

les arts. — Par ce simple vers qui termine l'une des
odes vendômoises :

Toi qui m'as fait vieillir, Cassandre,

Ronsard émeut bien autrement que par tout un livre
d'odes éloquentes et sonores ; en quelques traits précis, dans un cadre fixé, Claude le Lorrain surpasse les
ambitions d'une fresque et déploie l'infini frissonne-
ment des lumières marines. Par cette volonté de ne
gaspiller point, dont Claudel attribue à l'esprit français
la propriété presque exclusive, Debussy témoigne,
après tant d'autres, du génie spécial à la race, et méri-
terait, pour cela seul, le titre de noblesse que lui
décerna d'Annunzio : Claude de France...

Au fond, la seule critique solide qu'on ait jamais
dirigée contre *Pelléas* est celle de Jean-Christophe,
récemment débarqué d'Allemagne. Négligeons à dessein toutes ses invectives contre l'ensemble du drame,
contre « le gnangnan franco-belge », contre l'abus du
mystérieux « à l'usage des femmes du monde ». Voici
l'essentiel : « Tout le long des cinq actes, qui se
déroulaient dans un crépuscule perpétuel — forêts,
cavernes, souterrains, chambre mortuaire — de petits
oiseaux des îles se débattaient à peine. Pauvres petits
oiseaux ! jolis, tièdes et fins... Quelle peur ils avaient
de la lumière trop vive, de la brutalité des gestes, des

mots, des passions, de la vie ! La vie n'est pas raffinée. La vie ne se prend pas avec des gants. »

Ainsi *Pelléas* manquerait de force, c'est-à-dire de vérité : jugement qui serait sans appel, s'il était fondé. Mais sur quoi le fonder ? Où sera le criterium ? Depuis que le monde est monde, on cherche le canon qui permettrait d'évaluer la valeur vraie de l'œuvre d'art, pour n'aboutir qu'à cette conclusion décevante : Le beau plaît *sans concept*. Kant se rencontre avec Satie, qui reflète certainement la pensée debussyste, en ces termes : « Il n'y a pas de vérité en art... Vis-à-vis de Beethoven... Bach n'est pas la vérité... vis-à-vis de Chopin... Rameau n'est pas la vérité. Tous — sont dans la Vérité... au même titre... au même degré... La Vérité ??? Ils ont la leur... la leur propre... En art... s'il y avait une vérité... Vérité unique... depuis longtemps... elle serait tellement établie... elle serait tellement fixée... qu'il serait impossible à l'artiste d'employer une autre technique... d'exprimer d'autres sensations... de traiter d'autres sujets que ceux monopolisés par cette Vérité. » A travers la forme résolument humoristique, Satie vient d'exprimer ici les conditions nécessaires à l'existence de l'art.

Chaque créateur doit avoir *sa* vérité, sans laquelle il ne serait qu'un négligeable satellite. Cette vérité ne réside pas seulement dans l'originalité de forme — ce que les contemporains remarquent surtout, ce que la postérité, souvent, ne peut plus constater. Le gros des auditeurs sent-il aujourd'hui ce qui distingue la déclamation de Gluck d'un récitatif ramiste? J'en doute fort. Et qui nous dit que dans cinquante ans, l'antiwagnérisme de Debussy restera perceptible, que son langage harmonique semblera « vrai » comme en 1902? Les conditions de survie sont ailleurs, et je serais tenté de les faire reposer sur une alliance étroite entre la personnalité artistique et le sens de l'humain. J'entends que l'artiste durable est celui dont les facultés s'imposent à ses contemporains, dont l'originalité sincère permet la réalisation d'un progrès, pourvu qu'il sache consacrer son génie à l'expression de ce qui peut agiter toute âme humaine. L'auteur de *Pelléas* répond-il à cette définition?

Je n'en fais pas le grand musicien par excellence. Je n'en fais pas le musicien universel qui parle immédiatement à tous, et je ne réserve pas non plus sa musique au bénéfice d'une élite. Cet art n'apparaît ni comme un art bourgeois, au sens social du terme, ni comme un art populaire capable d'effacer, en quelques minutes, par l'unanimité du sentiment provoqué, toute différence de race, de culture et d'éducation. Je pense avec Bazaillas que *Pelléas* apporte « une sorte de quiétisme artistique » et s'adresse surtout à « la sensibilité qui ne sait que frémir et rêver, heureuse de se livrer, docile et à demi consciente, au charme de la suggestion musicale ». Mais je sais aussi que *Pelléas* a trouvé des amis anonymes dans tous les groupes sociaux, dans tous les pays, en Irlande et en Amérique, en Espagne comme au Japon, partout où des hommes recherchent l'émotion anti-théâtrale et sobrement exprimée. A quoi tient cette sorte d'universalité ?

Elle tient à la donnée même de l'œuvre, une fois débarrassée de toutes les contingences symbolistes et caduques. L'éternel conflit gronde dans *Pelléas* comme dans *Phèdre* et dans *Tristan* ; trois êtres sont là qui souffrent, l'un de sa jalousie déchirante, les deux autres de leur amour involontaire et fatal. Et surtout la musique a dégagé ce caractère humain du drame, que le poëme, livré à lui-même, semble un peu rejeter dans la pénombre. D'un décor de légende elle a fait un admirable et vaste rêve sonore ; la forêt monstrueuse est devenue, grâce au prisme émouvant des harmonies, le lieu marqué par la destinée ; la scène devant la mer s'est transformée en évocation de l'amour naissant ; le bêlement mélancolique des moutons conduits à l'abattoir a cessé d'être une puérile anecdote, pour traduire toute la douleur de l'existence qui va finir... Par le seul emploi des thèmes, il exprime précisément des émotions qui parlent au cœur de l'homme vrai. Qui donc n'a jamais connu la sourde appréhension du malheur possible ? Debussy l'a chantée comme pas un, dès ce premier acte, où le thème des souterrains morbides s'insinue sous les paroles déjà trop prudentes d'Arkel : « Nous ne savons pas ce que le retour de ton frère nous réserve. » Il n'est rien' de plus *vrai*, partant de plus durable, que cette prévision indistincte encore de l'avenir. Faut-il comparer ? Qu'on songe à l'émoi provoqué par cette grande mélancolie de François d'Assise, quand il vient d'être malade, et qu'il est sur le point d'entrevoir des fiançailles prochaines avec la divine pauvreté ; qu'on revoie la première transfiguration de Jeanne d'Arc, dans le mystère de Péguy, — Jeanne d'Arc encore ignorante de sa mission, mais s'écriant tout à coup, sans savoir : « Ils avaient des épées ! »

Ce sentiment de la menace, prochaine autant qu'inévitable et mystérieuse, voilà ce qui donne à *Pelléas* son impérissable valeur. « Mais la tristesse, Golaud... » Oui, c'est aussi la tristesse qui n'ira pas jusqu'au désespoir clamant, mais qui laisse toujours cette vague envie de pleurer qu'éprouvait Debussy lui-même, quand il s'efforçait de concevoir Arkel et Mélisande : *Pelléas* s'enrichit ainsi de toutes les tristesses vagues que fait éprouver l'inévitable, qu'il s'agisse d'un drame occasionnel ou simplement du drame de la vie. La mélancolie sage et sereine d'Arkel devient celle de tout homme qui se sent vieillir, et l'aspiration de Mélisande vers la lumière et l'amour est celle que toute femme aura connue. Cela ne s'exprime pas assez, dira-t-on peut-être ; l'amour, « la mort sans cris », bougonnait Jean-Christophe. Reste à savoir s'il ne faut pas voir ici le fruit de la plus haute conscience, et de l'art suprême, se libérant des apparences verbales. Comparons encore... C'est dans le silence que meurt le loup de Vigny, supérieur, de ce fait, à toutes les vociférations romantiques. C'est dans le silence que meurt Dick, le héros de *La Lumière qui s'éteint* : type d'anglo-saxon sans doute, mais type trop vrai pour obéir au panache fringant d'un Cyrano. C'est au grand silence qu'en arrive Angellier, l'un des plus graves parmi nos poëtes, au moment de vieillir, après le drame secret, « pareil aux chênes des forêts ». Et le silence enfin reste la règle pour les misérables héros des *Croix de Bois*, qui par là même abolissent toutes les littératures cocardières aujourd'hui périmées. Oui, « seul le silence est grand » quand Mélisande meurt, car seul il parvient à l'expression de toute cette douleur diffuse.

Voilà par où Debussy, dépassant le pittoresque superficiel et le coloris légendaire pour exprimer simplement la grande pitié du cœur des hommes, s'apparente à des génies totalement dissemblables, mais animés, comme lui, du désir de l'humain. La mort de Mélisande survivra, comme l'amoureux sanglot de Poppée, comme la tendresse inquiète de Chérubin, comme la passion désespérée de Marguerite au rouet, comme l'abandon sinistre de Tristan, car après Monteverde, Mozart, Schubert et Wagner, Debussy réalisa l'expression de l'âme humaine. D'autres en ont traduit la joie. D'autres, l'énergie : lui se révéla le peintre des sentiments étouffés et fatidiques. Ce fut *sa vérité propre* : c'est par là qu'on peut toujours, à de certains moments, retrouver en *Pelléas* un peu de soi-même, et le compter parmi les richesses impérissables de l'esprit : κτῆμα εἰς ἀεί... Par-dessus la réaction d'antiwagnérisme qui sembla le susciter, petit à petit, sans fracas contraire à lui-même, *Pelléas* se place en dehors du temps, dans l'éternel.

FIN

BIBLIOGRAPHIE

(On a voulu, non tout citer, mais signaler les pages utiles, soit comme types d'opinions debussystes ou antidebussystes, soit pour leur valeur documentaire, soit pour leur valeur d'étude.)

Parmi les ouvrages d'ensemble où Debussy et *Pelléas* ont leur place, il convient de signaler *Cinquante ans de musique française* (Librairie de France), *Un demi-siècle de musique française*, par JULIEN TIERSOT (Félix Alcan, Collection : « Les Maîtres de la musique »), *De Couperin à Debussy*, par JEAN CHANTAVOINE (l'article consacré à Debussy a paru pour la première fois dans *L'Écho musical* de mars 1914).

Au nombre des études d'ensemble concernant Debussy, citons, en première ligne *Claude Debussy* de LOUIS LALOY (Dorbon), puis *Claude Debussy et son œuvre* de DANIEL CHENNEVIÈRE (Durand). La *Revue musicale* a consacré à Debussy deux numéros spéciaux : celui de décembre 1920 (*Debussy*), où figure l'article de SUARÈS, devenu volume (*Debussy*, chez Émile-Paul), et celui de mai 1926 (*La Jeunesse de Claude Debussy*). Parmi les articles parus ailleurs, au lendemain de la mort ou depuis, signalons *Claude Debussy musicien français* de G.-J. AUBRY (*Correspondant* du 10 avril 1918, reproduit dans *La Musique et les Nations*, Éditions de la Sirène), — *A propos de Claude Debussy*, par J.-G. PRODHOMME (*Revue de Paris* du 1er juin 1918), — *Claude Debussy*, par ROBERT JARDILLIER (*Revue de Bourgogne* des 15 mars, 15 avril et 15 mai 1922).

Les opinions musicales de Claude Debussy sont utiles à connaître. On trouvera les principales dans sa réponse à l'enquête sur *L'État actuel de la musique française* entreprise par PAUL LANDORMY (*Revue Bleue,*

26 mars 1904) et dans le recueil de ses articles essentiels, *Monsieur Croche antidilettante* (N. R. F.).

Sur *Pelléas*, un seul ouvrage, mais indispensable : le *Pelléas et Mélisande* de MAURICE EMMANUEL (Mellottée, Collection : « Les Chefs-d'œuvre de la musique »). C'est non seulement la parfaite analyse musicale, mais a clef de l'art debussyste, grâce aux conversations de Debussy et de Guiraud auxquelles l'auteur assista. L'article de ROMAIN ROLLAND : *Pelléas et Mélisande de Claude Debussy*, garde toute sa valeur historique : paru d'abord dans une revue de Berlin — *Morgen* du 27 novembre 1907 — il figure dans les *Musiciens d'aujourd'hui* (Hachette). Les éléments de la bataille pour *Pelléas* ont été fixés par CONSTANTIN PHOTIADÈS, *La Centième de Pelléas et Mélisande* (*Revue de Paris*, 1ᵉʳ avril 1913) et par ANDRÉ MESSAGER, *Les premières représentations de Pelléas* (*Revue musicale* de mai 1926).

Parmi les innombrables articles que *Pelléas* a fait naître, signalons les plus typiques. Voici les réfractaires : CAMILLE BELLAIGUE, *Pelléas et Mélisande* (*Revue des Deux Mondes*, 15 avril 1902), et JEAN D'UDINE (*Reprise de Pelléas et Mélisande*, *Courrier musical* du 15 mai 1919). — Dans l'autre camp, s'attacher surtout à F. BALDENSPERGER, *Causerie sur Claude Debussy* (*Courrier musical* du 1ᵉʳ mars 1903), — G. BRET, *M. Debussy et le public* (*The weekly critical Review*, 5 novembre 1903), — R. BRUSSEL, *Cl. Debussy, Pelléas et Mélisande*, etc. (*L'Art dramatique et musical*, décembre 1902), — P. DUKAS, *Pelléas et Mélisande* (*Chronique des Arts*, 10 mai 1902), — F. GREGH, *Musiques* (*Revue de Paris*, 15 mai 1902), — A. HALLAYS, *Pelléas et Mélisande* (*Revue de Paris*, 15 mai 1902), — VINCENT D'INDY, *A propos de Pelléas et Mélisande* (*L'Occident*, juin 1902), — P. LALO, *Pelléas et Mélisande* (*Temps* du 20 mai et du 5 août 1902), — L. LALOY, *Exercices d'analyse sur les quatre premières mesures de Pelléas* (*Revue musicale*, novembre 1902), — P. LANDORMY, *Cl. Debussy et le progrès de l'art musical* (*Courrier musical*, 16 juin 1903), — J. MARNOLD, *Pelléas et Mélisande* (*Mercure de France*, juin et décembre 1902), — C. MAUCLAIR, *La peinture musicienne et la fusion des arts* (*Revue Bleue*, septembre 1902), — O. MAUS, *Pelléas et Mélisande* (*L'Art moderne*, 20 mai 1902).

P. S. — Cette étude est sous presse au moment où paraissent deux ouvrages de Léon Vallas : *Les idées de Claude Debussy, musicien français* (Librairie de France), et *Debussy* (Plon).

TABLE

CET OUVRAGE, LE QUATRIÈME DE LA COLLECTION « LA MUSIQUE MODERNE », A ÉTÉ ACHEVÉ D'IMPRIMER LE XXX AVRIL MCMXXVII, PAR PROTAT FRÈRES, A MACON. OUTRE LES 1.625 EXEMPLAIRES MIS DANS LE COMMERCE, IL A ÉTÉ TIRÉ CXXV EXEMPLAIRES, DONT X SUR JAPON IMPÉRIAL, XV SUR VERGÉ D'ARCHES, ET C SUR VÉLIN D'ALFA TEINTÉ, NUMÉROTÉS DE I A CXXV ET DITS DE PRESSE.